プリント形式のリアル過去問で本番の臨場感！

宮城県

宮城学院中学校

2025年春受験用

解答集

本書は，実物をなるべくそのままに，プリント形式で年度ごとに収録しています。
問題用紙を教科別に分けて使うことができるので，本番さながらの演習ができます。

■ 収録内容

・解答集（この冊子です）

書籍ＩＤ番号，この問題集の使い方，最新年度実物データ，リアル過去問の活用，
解答例と解説，ご使用にあたってのお願い・ご注意，お問い合わせ

・2024（令和６）年度 ～ 2022（令和４）年度　学力検査問題

JN131935

○は収録あり	年度	'24	'23	'22			
■ 問題（2教科型入試・英語入試）		○	○	○			
■ 解答用紙		○	○	○			
■ 配点							

算数に解説があります

☆問題文等の非掲載はありません

教英出版

■ 書籍ＩＤ番号

入試に役立つダウンロード付録や学校情報などを随時更新して掲載しています。
教英出版ウェブサイトの「ご購入者様のページ」画面で，書籍ＩＤ番号を入力してご利用ください。

書籍ＩＤ番号　107106

（有効期限：2025年9月30日まで）

【入試に役立つダウンロード付録】
「要点のまとめ(国語／算数)」
「課題作文演習」ほか

■ この問題集の使い方

年度ごとにプリント形式で収録しています。針を外して教科ごとに分けて使用します。①片側，②中央のどちらかでとじてありますので，下図を参考に，問題用紙と解答用紙に分けて準備をしましょう（解答用紙がない場合もあります）。

針を外すときは，けがをしないように十分注意してください。また，針を外すと紛失しやすくなりますので気をつけましょう。

① 片側でとじてあるもの　　② 中央でとじてあるもの

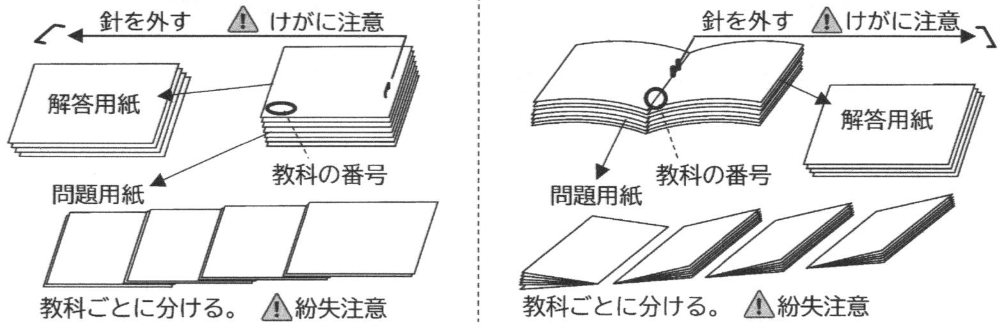

※教科数が上図と異なる場合があります。
解答用紙がない場合や，問題と一体になっている場合があります。
教科の番号は，教科ごとに分けるときの参考にしてください。

■ 最新年度 実物データ

実物をなるべくそのままに編集していますが，収録の都合上，実際の試験問題とは異なる場合があります。実物のサイズ，様式は右表で確認してください。

問題用紙	２教科型：Ｂ５冊子(二つ折り) 英語入試：Ａ４冊子(二つ折り)
解答用紙	２教科型：Ｂ４片面プリント 英語入試：Ａ３片面プリント

リアル過去問の活用

～リアル過去問なら入試本番で力を発揮することができる～

本番を体験しよう！

問題用紙の形式（縦向き／横向き），問題の配置や余白など，実物に近い紙面構成なので本番の臨場感が味わえます。まずはパラパラとめくって眺めてみてください。「これが志望校の入試問題なんだ！」と思えば入試に向けて気持ちが高まることでしょう。

入試を知ろう！

同じ教科の過去数年分の問題紙面を並べて，見比べてみましょう。

① 問題の量

毎年同じ大問数か，年によって違うのか，また全体の問題量はどのくらいか知っておきましょう。どのくらいのスピードで解けば時間内に終わるのか，大問ひとつにかけられる時間を計算してみましょう。

② 出題分野

よく出題されている分野とそうでない分野を見つけましょう。同じような問題が過去にも出題されていることに気がつくはずです。

③ 出題順序

得意な分野が毎年同じ大問番号で出題されていると分かれば，本番で取りこぼさないように先回りして解答することができるでしょう。

④ 解答方法

記述式か選択式か（マークシートか），見ておきましょう。記述式なら，単位まで書く必要があるかどうか，文字数はどのくらいかなど，細かいところまでチェックしておきましょう。計算過程を書く必要があるかどうかも重要です。

⑤ 問題の難易度

必ず正解したい基本問題，条件や指示の読み間違いといったケアレスミスに気をつけたい問題，後回しにしたほうがいい問題などをチェックしておきましょう。

問題を解こう！

志望校の入試傾向をつかんだら，問題を何度も解いていきましょう。ほかにも問題文の独特な言いまわしや，その学校独自の答え方を発見できることもあるでしょう。オリンピックや環境問題など，話題になった出来事を毎年出題する学校だと分かれば，日頃のニュースの見かたも変わってきます。

こうして志望校の入試傾向を知り対策を立てることこそが，過去問を解く最大の理由なのです。

実力を知ろう！

過去問を解くにあたって，得点はそれほど重要ではありません。大切なのは，志望校の過去問演習を通して，苦手な教科，苦手な分野を知ることです。苦手な教科，分野が分かったら，教科書や参考書に戻って重点的に学習する時間をつくりましょう。今の自分の実力を知れば，入試本番までの勉強の道すじが見えてきます。

試験に慣れよう！

入試では時間配分も重要です。本番で時間が足りなくなってあわてないように，リアル過去問で実戦演習をして，時間配分や出題パターンに慣れておきましょう。教科ごとに気持ちを切り替える練習もしておきましょう。

心を整えよう！

入試は誰でも緊張するものです。入試前日になったら，演習をやり尽くしたリアル過去問の表紙を眺めてみましょう。問題の内容を見る必要はもうありません。どんな形式だったかな？受験番号や氏名はどこに書くのかな？…ほんの少し見ておくだけでも，志望校の入試に向けて心の準備が整うことでしょう。

そして入試本番では，見慣れた問題紙面が緊張した心を落ち着かせてくれるはずです。

※まれに入試形式を変更する学校もありますが，条件はほかの受験生も同じです。心を整えてあせらずに問題に取りかかりましょう。

宮城学院中学校【２教科型】

《国　語》

一　問一．Ⅰ．イ　Ⅱ．エ　問二．立場や年れいに関係なく、得意分野を生かしてたがいに協力して問題を解決していく社会。　問三．男女　問四．イ　問五．ウ　問六．⑴得意なこと…効率よく問題を解決すること。不得意なこと…他者の立場に身を置き、相手を理解して問題を解決すること。　⑵ＡＩの仕組みを理解しつつ、弱い立場の人たちに思いを寄せ、活用する力を身につけるために普段の生活から様々なことに疑問を持ち、理由を考え、変えてみようと行動すること。

二　問一．Ⅰ．ア　Ⅱ．ア　問二．⑴生きている実感がなく、将来への不安や自分の外見や内面への不満を抱えていること。　⑵思い切ってひとり旅をしたことで、自分の欠点はすべて自分の長所でもあると思えるようになった。　問三．好きになる　問四．エ　問五．生きる意味が分からない　問六．逃げることは自分を守る手段として必要なことなのだから、生きのびるために逃げてもかまわないのだという思い。

三　［部首／部首名］　１．［訁／ごんべん］　２．［⺮／たけかんむり］　３．［灬／れんが〔別解〕れっか］　４．［忄／りっしんべん］　５．［月／にくづき］

四　１．熊　２．拾　３．制服　４．改める　５．散らかす　６．すこ　７．ぎょくざ　８．こ　９．はんせい　10．いとな

《算　数》

〔１〕⑴37　⑵55　⑶18.9　⑷$\frac{7}{18}$　⑸$7\frac{1}{2}$　⑹$3\frac{1}{3}$

〔２〕⑴27000000　⑵216　⑶960　⑷88　⑸120　⑹235.5　⑺4

〔３〕⑴600　⑵8　⑶32

〔４〕⑴面積…37.68　周りの長さ…55.4　⑵㋐．78　㋑．37

〔５〕⑴600　⑵60　⑶90

〔６〕⑴25　⑵11　⑶525　⑷450

〔１〕

⑴　与式＝36－４＋５＝**37**

⑵　与式＝172－(17＋100)＝172－117＝**55**

⑶　与式＝6.3×(7.5×0.4)＝6.3×３＝**18.9**

⑷　与式＝$\frac{27}{90}+\frac{170}{90}-\frac{162}{90}=\frac{35}{90}=\mathbf{\frac{7}{18}}$

⑸　与式＝$\frac{3}{4}\times(6.7+3.3)=\frac{3}{4}\times10=\frac{15}{2}=\mathbf{7\frac{1}{2}}$

⑹　与式＝$(3\frac{3}{4}-\frac{5}{6})\times\frac{8}{7}=(3\frac{9}{12}-\frac{10}{12})\times\frac{8}{7}=(\frac{45}{12}-\frac{10}{12})\times\frac{8}{7}=\frac{35}{12}\times\frac{8}{7}=\frac{10}{3}=\mathbf{3\frac{1}{3}}$

〔２〕

⑴　**【解き方】立方体の体積は，（１辺の長さ）×（１辺の長さ）×（１辺の長さ）で求めることができる。**

求める体積は，３m＝300 cmより，300×300×300＝**27000000**(㎤)である。

⑵　**【解き方】２つの数の最小公倍数を求めるときは，右の筆算のように割り切れる数で次々に割っていき，割った数と割られた結果残った数をすべてかけあわせればよい。**

```
2) 72  108
2) 36   54
3) 18   27
3)  6    9
    2    3
```

求める最小公倍数は，２×２×３×３×２×３＝**216** である。

⑶　２割＝0.2 より，求める金額は，1200×(１－0.2)＝**960**(円)である。

⑷　３教科の平均点が 78 点になるとき，３教科の点数の合計は 78×３＝234(点)である。国語は 70 点，英語は 76 点だったので，算数の点数が 234－(70＋76)＝**88**(点)であればよい。

⑸　**【解き方】200mL のオーロラソースのうち，$\frac{3}{3+2}=\frac{3}{5}$がケチャップである。**

ケチャップの量は，$200\times\frac{3}{5}$＝**120**(mL)である。

⑹　**【解き方】求める面積は，大きい方の円の面積から，半径５cmの円の面積をひいたものである。**

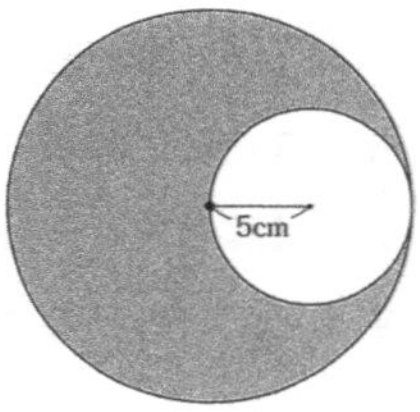

大きい方の円の半径は，図より，５＋５＝10(cm)なので，求める面積は，
10×10×3.14－５×５×3.14＝(100－25)×3.14＝75×3.14＝**235.5**(㎠)である。

⑺　**【解き方】三角形において，(底辺)×(高さ)は面積の２倍になる。**

(底辺)×(高さ)が６×２＝12 なので，底辺の長さは，12÷３＝**４**(cm)である。

〔３〕

⑴　**【解き方】２人が１分間に進む道のりの合計は，75＋45＝120(m)である。**

５分間で２人が進んだ道のりは，120×５＝**600**(m)である。

⑵　**【解き方】２人がはじめて出会ったとき，２人の進んだ道のりの合計は 960mである。**

⑴より，２人が１分間に進む道のりの合計は 120mなので，２人がはじめて出会うのは 960÷120＝**８**(分後)

⑶　**【解き方】山田さんがはじめて村上さんを追いこすのは，山田さんが村上さんよりも１周分(960m)多く走ったときである。**

山田さんは村上さんより，１分ごとに，75－45＝30(m)多く走る。よって，求める時間は，960÷30＝**32**(分後)

〔4〕

(1)　右図のように記号をおく。三角形ＢＣＤは１辺の長さが 12 cmの正三角形である。右のように面積を変えずに影の部分を移動できるので，求める面積はおうぎ形ＢＤＡの面積である。角ＡＢＤ＝90°－60°＝30°だから，求める面積は，

$12\times12\times3.14\times\frac{30}{360}=12\times3.14=$ **37.68**(cm²)である。

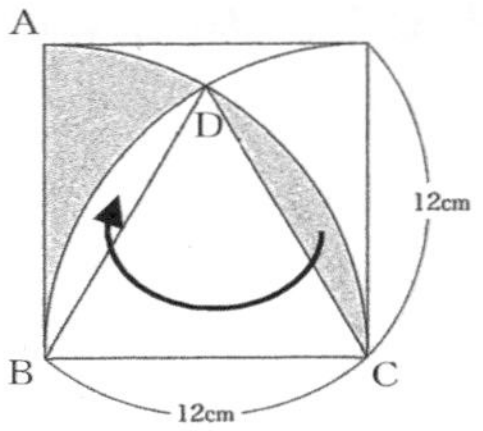

周りの長さは，直線部分と曲線部分に分けて考える。直線部分は，ＡＢ＋ＤＣ＝12＋12＝24(cm)である。曲線部分は曲線ＡＣと曲線ＤＢだから，長さの和は，

$12\times2\times3.14\times\frac{90}{360}+12\times2\times3.14\times\frac{60}{360}=6\times3.14+4\times3.14=(6+4)\times3.14=31.4$(cm)

よって，求める長さは，24＋31.4＝**55.4**(cm)である。

(2)　問題の図は，２つの三角形が左右にくっついている図形である。あの角は，右側の三角形の外角なので，38°＋40°＝**78°**である。左側の三角形の内角の和より，いの角の大きさは，180°－(78°＋65°)＝**37°**である。

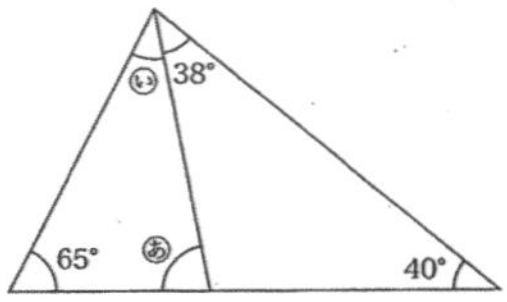

〔5〕

(1)　グラフより，円グラフの１目盛りは，円を 20 等分していることがわかる。「その他」の割合は，20 目盛りのうち４目盛り分だから，120 人は全校生徒の $\frac{4}{20}=\frac{1}{5}$ にあたる。よって，全校生徒の人数は，$120\div\frac{1}{5}=$ **600**(人)である。

(2)　Ｃ区の生徒の割合は，グラフより２目盛り分なので，$120\times\frac{2}{4}=$ **60**(人)である。

(3)　Ｂ区の生徒の割合は，グラフより５目盛り分なので，あ＝$360°\times\frac{5}{20}=$ **90°**である。

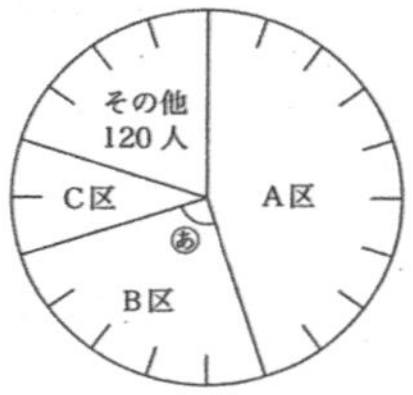

〔6〕

(1)　**【解き方】一番外側の石の数に注目すると，右の表のように並んでいることがわかる。**

	1番目	2番目	3番目	4番目	…
一番外側の石の数(個)	5	10	15	20	…

一番外側の石の個数は連続する５の倍数だから，ｎ番目ではｎ×５(個)になる。よって，５番目の一番外側の石の数は，５×５＝**25**(個)である。

(2)　**【解き方】一番外側の正五角形の１辺の石の数に注目すると，右の表のように並んでいることがわかる。**

	1番目	2番目	3番目	4番目	…
一番外側の１辺の石の数(個)	2	3	4	5	…

ｎ番目では，一番外側の正五角形の１辺にｎ＋１(個)の石が並ぶ。(1)より，一番外側に 50 個の石が並ぶのは，50÷５＝10(番目)の図形である。10 番目の図形の一番外側の正五角形の１辺には，10＋１＝**11**(個)の石が並ぶ。

(3)　**【解き方】連続する５の倍数の和を，筆算を利用して求める。**

一番外側の正五角形の１辺に 15 個の石が並んだ図形は，15－１＝14(番目)の図形である。したがって，一番外側の石の数は 14×５＝70(個)であり，すべての石の個数は，５から 70 までの連続する 14 個の５の倍数の和に等しいから，５＋10＋15＋……＋70(個)である。この式を２つ使って右のような筆算が書けるから，求める個数は，５＋10＋15＋……＋70＝(75×14)÷２＝**525**(個)

　　５＋10＋15＋……＋70
＋)　70＋65＋60＋……＋５
　　75＋75＋75＋……＋75

(4)　**【解き方】一番外側が白石になるのは偶数番目なので，白石の個数は，２×５＝10(個)，４×５＝20(個)，６×５＝30(個)，……と，連続する 10 の倍数になる。**

黒石を８個足したときの一番外側の黒石の数は，87＋８＝95(個)である。ひとつ内側の白石の数は，95－５＝90(個)なので，白石の数は全部で，10＋20＋30＋40＋50＋60＋70＋80＋90＝**450**(個)である。

《作　文》

〈作文のポイント〉

・最初に自分の主張、立場を明確に決め、その内容に沿って書いていく。

・わかりやすい表現を心がける。自信のない表現や漢字は使わない。

さらにくわしい作文の書き方・作文例はこちら！→

https://kyoei-syuppan.net/mobile/files/sakupo.html

2023 解答例 令和5年度 宮城学院中学校【2教科型】

《国　語》

一　問一．ウ　　問二．①真似して　②退屈　　問三．写真を使った冷たい感じの版画がはやっているとき、筆者は反対に温もりのある手描きの銅版画に取り組んだ。　　問四．父が見ていた病室の風景が、非常に殺風景で貧しいものだと気づき、悲しくなったから。　　問五．イ

二　問一．ウ　　問二．A．砂地　B．岩場　C．逃げ隠れできる　　問三．尾びれをゆっくり動かして、外に危険がないことを知らせる。／ひれを激しく震わして、危険を知らせる。　　問四．ア　　問五．ハゼと共生しても巣穴には余ゆうがあるので、エビが生活しづらくなることはないということ。

問六．卵からかえってまもないころ(。)　　問七．エ

三　1．独　2．臨　3．減　4．縮　5．個

四　1．包帯　2．停止　3．録音　4．耕す　5．暖かい　6．ゆだ　7．さば
8．はんせい　9．びんじょう　10．しっそ

《算　数》

〔1〕(1)19　(2)0.072　(3)1.24　(4)27　(5)$\frac{1}{4}$　(6)$\frac{1}{81}$

〔2〕(1)0.1　(2)12　(3)351.68　(4)3500　(5)92　(6)30.1

〔3〕(1)1600　(2)5600　(3)800

〔4〕(1)124　(2)周りの長さ…12.56　面積…9.12

〔5〕(1)100　(2)15　(3)80　(4)800

〔6〕(1)27　(2)10，5　(3)505

〔１〕

(1) 与式＝18＋６÷６＝18＋１＝**19**

(4) 与式＝６×９－９×３＝54－27＝**27**

(5) 与式＝$\frac{5}{2}-\frac{7}{3}+\frac{1}{12}=\frac{30}{12}-\frac{28}{12}+\frac{1}{12}=\frac{3}{12}=\boldsymbol{\frac{1}{4}}$

(6) 与式＝$\frac{1}{9}-\{\frac{1}{5}\div(\frac{105}{40}-\frac{24}{40})\}=\frac{1}{9}-(\frac{1}{5}\div\frac{81}{40})=\frac{1}{9}-(\frac{1}{5}\times\frac{40}{81})=\frac{9}{81}-\frac{8}{81}=\boldsymbol{\frac{1}{81}}$

〔２〕

(1) １時間＝60分だから，６分＝(６÷60)時間＝**0.1時間**

(2) 最大公約数を求めるときは，右の筆算のように割り切れる数で次々に割っていき，割った数をすべてかけあわせればよい。よって，72と60の最大公約数は，２×２×３＝**12**

```
2) 72  60
2) 36  30
3) 18  15
    6   5
```

(3) 円柱の底面積は４×４×3.14＝16×3.14(㎠)，高さは７cmなので，体積は，
16×3.14×７＝112×3.14＝**351.68**(㎤)

(4) 兄と弟のもらった金額《きんがく》の比は７：５で，この比の数の和の７＋５＝12が6000円にあたるから，
兄がもらった金額は，6000×$\frac{7}{12}$＝**3500**(円)

(5) **【解き方】(平均点)＝(合計点)÷(回数)だから，(合計点)＝(平均点)×(回数)で求められる。**
３回分のテストの合計点は85×３＝255(点)だから，３回目のテストの点数は，255－79－84＝**92**(点)

(6) 影《かげ》の部分は，上底が４cm，下底が4.6cm，高さが７cmの台形だから，面積は，(４＋4.6)×７÷２＝**30.1**(㎠)

〔３〕

(1) 本の代金は，8000×$\frac{1}{5}$＝**1600**(円)

(2) 時計の代金は，本を買ったあとの残りの代金である8000－1600＝6400(円)の$\frac{7}{8}$だから，6400×$\frac{7}{8}$＝**5600**(円)

(3) 残りの金額は，8000－1600－5600＝**800**(円)

〔４〕

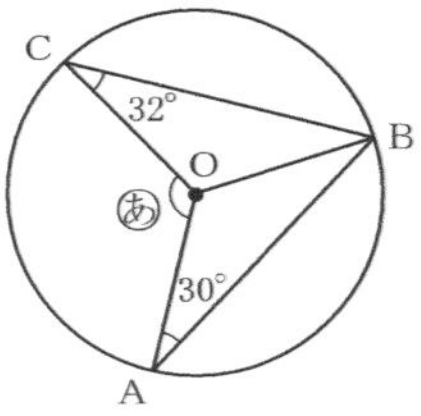

(1) **【解き方】右のように作図すると，ＯＡ＝ＯＢ＝ＯＣより，**
三角形ＯＡＢと三角形ＯＢＣは二等辺三角形となる。
角ＡＯＢ＝180°－30°×２＝120°，角ＢＯＣ＝180°－32°×２＝116°だから，
あの角の大きさは，360°－120°－116°＝**124°**

(2) 周りの長さは，半径が４cmの円の$\frac{1}{4}$のおうぎ形の曲線部分の長さ２つ分なので，４×２×3.14×$\frac{1}{4}$×２＝**12.56**(cm)
面積は，半径が４cmの円の$\frac{1}{4}$のおうぎ形２つ分の面積から，１辺が４cmの正方形の面積をひけばよいので，
４×４×3.14×$\frac{1}{4}$×２－４×４＝**9.12**(㎠)

〔５〕

(1) 家から図書館までの2000ｍの道のりを20分で歩いたので，求める速さは，分速(2000÷20)ｍ＝**分速100ｍ**

(2) 図書館にいた時間は，グラフの道のりが2000ｍで一定になっている間の時間だから，35－20＝**15**(分間)

(3) 図書館から家までは60－35＝25(分)で歩いたので，求める速さは，分速(2000÷25)ｍ＝**分速80ｍ**

(4) 家を出発してから50分後は，図書館を出発してから50－35＝15(分後)である。
よって，ひろみさんは図書館から80×15＝1200(ｍ)進んだ位置にいるので，家との距離《きょり》は，2000－1200＝**800**(ｍ)

〔６〕

【解き方】各段の一番大きい数は，１段目が１，２段目が１＋２＝３，３段目が１＋２＋３＝６，…となる。
また，各段の一番大きい数は，奇数段目は一番左，偶数《ぐうすう》段目は一番右にある。

⑴　７段目の一番大きい数は一番左にあり，その数は１＋２＋３＋４＋５＋６＋７＝28 だから，７段目の左から２番目の数は，**27** である。

⑵　⑴をふまえる。９段目の一番大きい数は 28＋８＋９＝45，10 段目の一番大きい数は 45＋10＝55 だから，50 は 10 段目にある。55 は 10 段目の一番右にあるので，10 段目の一番左にある数は 45＋１＝46 である。
10 段目は左から 46，47，48，49，50，…と並ぶので，50 は **10** 段目の左から **5** 番目である。

⑶　⑵をふまえる。10 段目は 46 から 55 までの 10 個の連続する整数が並ぶ。
46 から 55 までの連続する整数の列を２つ使って右のような筆算が書けるから，
求める数は，$\frac{101\times10}{2}$＝**505**

$$\begin{array}{rr} & 46+\ 47+\ 48+\cdots\cdots+\ 55 \\ +) & \underline{55+\ 54+\ 53+\cdots\cdots+\ 46} \\ & 101+101+101+\cdots\cdots+101 \end{array}$$

《作　文》

〈作文のポイント〉

- 最初に自分の主張、立場を明確に決め、その内容に沿って書いていく。
- わかりやすい表現を心がける。自信のない表現や漢字は使わない。

さらにくわしい作文の書き方・作文例はこちら！→https://kyoei-syuppan.net/mobile/files/sakupo.html

宮城学院中学校【２教科型】

《国　語》

一 問一．①ウ　②イ　問二．覚えたことを忘れないようにするため。　問三．世界が広がるうえに、自分は人よりもすぐれているんだと実感できるから。　問四．本を読んだりいろいろ調べたりしてたくさんのことを知っているのに、カワムラさんの心の中は分からないこと。　問五．教室の後ろでヤマダたちがスドウを相手にプロレスごっこをしていじめ始めたこと。　問六．いじめはひきょう者がすることで人間として恥ずかしいことだということ。　問七．こわくて何も言えない。　問八．ア　問九．いじめに知らん顔をするのも、生きるための知恵のひとつだということ。　問十．おじいちゃんがいなくなって、二度と会えなくなるということ。
問十一．エ　問十二．⑴『きおくノート』におじいちゃんの思い出を書くこと。　⑵イ
問十三．カワムラさ～めている。　問十四．おじいちゃんとの永遠の別れ。　問十五．⑴ヤマダがスドウをいじめているのを止めるため。　⑵ウ　問十六．以前の「ぼく」…人よりすぐれていることを大事にしており、また、いじめが悪いことだと知っていても止める勇気はなかった。　現在の「ぼく」…祖父の死を通して、大事なことは目に見えない人の心だということを知り、いじめに立ち向かう勇気を持った。

二 １．予定　２．再開　３．人気　４．永遠　５．往復

三 １．雑草　２．温暖　３．反映　４．快く　５．預ける　６．しりぞ　７．たびじ
８．おくがい　９．ひき　10．ようい

《算　数》

〔１〕⑴32　⑵1001　⑶2.5　⑷$\frac{5}{12}$　⑸190　⑹０

〔２〕⑴162　⑵960　⑶73　⑷15：８　⑸62.5　⑹18

〔３〕⑴20　⑵180

〔４〕⑴㋐30　周の長さ…6.28　⑵14

〔５〕⑴５　⑵30000　⑶27

〔６〕⑴図①…６　図②…３　図③…７　⑵１辺の長さ…11　図③…91

〔1〕

⑴ 与式＝16×２＝32

⑵ 与式＝2022－(521×２－21)＝2022－(1042－21)＝2022－1021＝1001

⑷ 与式＝$\frac{6}{12}-\frac{3}{12}+\frac{4}{12}-\frac{2}{12}=\frac{5}{12}$

⑸ 与式＝43×1.9＋5.7×10×1.9＝(43＋5.7×10)×1.9＝(43＋57)×1.9＝100×1.9＝190

⑹ 与式＝$\frac{8}{3}-(\frac{12}{5}-\frac{3}{2})\times\frac{80}{27}=\frac{8}{3}-(\frac{24}{10}-\frac{15}{10})\times\frac{80}{27}=\frac{8}{3}-\frac{9}{10}\times\frac{80}{27}=\frac{8}{3}-\frac{8}{3}=0$

〔2〕

⑴ 2.7時間＝(60×2.7)分＝162分

⑵ 20％＝0.2だから，求める金額《きんがく》は，1200×(１－0.2)＝960(円)

⑶ **【解き方】(平均)＝(合計)÷(人数)，(合計)＝(平均)×(人数)で求められる。**

男子の合計は69×10＝690(点)，女子の合計は75.5×16＝1208(点)だから，クラス10＋16＝26(人)の平均は，(690＋1208)÷26＝73(点)

⑷ りんごの個数はオレンジの個数の$\frac{3}{4}$倍，スイカの個数はオレンジの個数の$\frac{2}{5}$倍だから，りんごとスイカの個数の比は，$\frac{3}{4}:\frac{2}{5}$＝15：８

⑸ この立体は，底面を直角を挟《はさ》む２つの辺の長さが５cmの直角二等辺三角形とすると，高さが５cmの三角柱だから，体積は，(５×５÷２)×５＝62.5(㎤)

⑹ **【解き方】間かくは，24と30の最小公倍数である６ｍにすればよい。**

木は，たてに24÷６＋１＝５(本)，横に30÷６＋１＝６(本)植える。かどに４本植えることも考えると，求める本数は，(５＋６)×２－４＝18(本)

〔3〕

⑴ **【解き方】同じ道のりを進むのにかかった時間の比は，速さの比の逆比に等しいことを利用する。**

えみこさんとあやこさんの速さの比は90：60＝３：２である。よって，えみこさんとあやこさんが駅から追いついた位置まで進むのにかかった時間の比は２：３となる。この比の数の差の３－２＝１が10分にあたるので，求める時間は10×２＝20(分後)である。

⑵ ゆうきさんとえみこさんが駅から追いついた位置まで進むのにかかった時間の比は，(20－10)：20＝１：２だから，速さの比はこの逆比の２：１となる。よって，求める速さは，分速(90×２)ｍ＝分速180ｍ

〔4〕

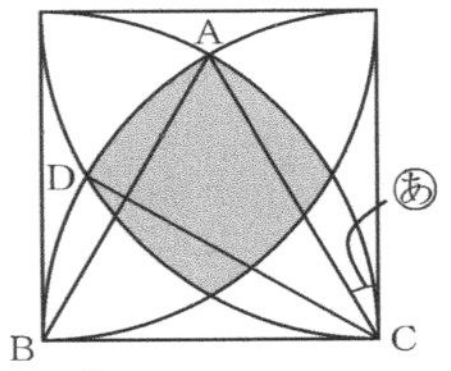

⑴ 右のように作図する。三角形ＡＢＣは１辺が３cmの正三角形だから，角ＡＣＢ＝60°

よって，角あ＝90°－60°＝30°

同様に，角ＢＣＤ＝30°だから，角ＡＣＤ＝60°－30°＝30°

影《かげ》の部分の周の長さは，半径が３cm，中心角が30°のおうぎ形の曲線部分の長さの４倍だから，$3\times2\times3.14\times\frac{30°}{360°}\times4=2\times3.14=6.28$(cm)

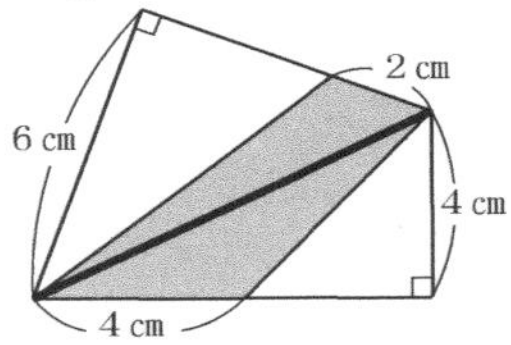

⑵ **【解き方】右のように線をひき，２つの三角形にわけて考える。**

求める面積は，２×６÷２＋４×４÷２＝14(㎠)

〔５〕

⑴　図２より，水を入れ始めてから５分後までのグラフの傾きは一定で，５分のときにグラフの傾きが変化していることから，１つ目の水を出す蛇口《じゃぐち》を開いたのは，水を入れ始めてから５分後だとわかる。

⑵　**【解き方】蛇口を開ける前と後の水面の高さの上り方の違いに注目する。**

２つ目，３つ目の蛇口を開いたのは，水を入れ始めてから 10 分後，12 分後である。

水を入れ始めてから５～10 分の５分間で，水面の高さは 75－50＝25(cm)上がっている。

蛇口を開いていない状態の０～５分の５分間は，水面の高さが 50 cm上がっているので，最初に開けた蛇口は，５分間で水面の高さを 50－25＝25(cm)下げていることになる。よって，同じ時間で水を入れる蛇口が水を入れる量と最初に開けた蛇口が水を出す量の比は，50：25＝２：１だから，最初に開けた蛇口は，毎分(60000÷２)㎤＝毎分 30000 ㎤の水を出す。

⑶　３つ目の蛇口を開け初めてからの 17－12＝５(分間)で，水面の高さは 75－50＝25(cm)下がっている。

よって，水そうの水がなくなる(水面の高さが０cmになる)のは，３つ目の蛇口を開け初めてから $5\times\frac{75}{25}$＝15(分後)，つまり，水を入れ始めてから 12＋15＝27(分後)である。

〔６〕

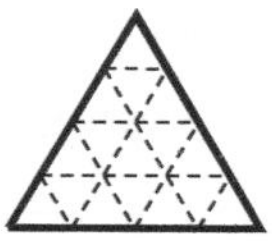

⑴　１辺が４cmの正三角形を切り分けると，右図のようになる。よって，図①は６個，図②は３個，図③は７個できる。

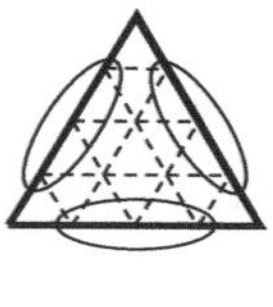

⑵　**【解き方】１辺が３cm以上の正三角形を切り分けるとき，図①の正三角形は，１辺の長さを１cmのばすごとに右図の○で囲まれた位置で１個ずつ，計３個増える。また，図②はつねに３個できる。図①，②，③を合わせると，１辺が３cmのときは，９＝３×３(個)，１辺が４cmのときは 16＝４×４(個)，…となる。**

図①の正三角形が 27 個のとき，図①の正三角形は１辺が４cmのときと比べて，27－６＝21(個)増えているから，21÷３＝７より，もとの正三角形の１辺の長さは，４＋７＝11(cm)

このとき，図①，②，③の合計は 11×11＝121(個)だから，図③の正三角形は，121－27－３＝91(個)できる。

《作　文》

〈作文のポイント〉

・最初に自分の主張、立場を明確に決め、その内容に沿って書いていく。

・わかりやすい表現を心がける。自信のない表現や漢字は使わない。

さらにくわしい作文の書き方・作文例はこちら！→

https://kyoei-syuppan.net/mobile/files/sakupo.html

■ ご使用にあたってのお願い・ご注意

（1）問題文等の非掲載

著作権上の都合により，問題文や図表などの一部を掲載できない場合があります。

誠に申し訳ございませんが，ご了承くださいますようお願いいたします。

（2）過去問における時事性

過去問題集は，学習指導要領の改訂や社会状況の変化，新たな発見などにより，現在とは異なる表記や解説になっている場合があります。過去問の特性上，出題当時のままで出版していますので，あらかじめご了承ください。

（3）配点

学校等から配点が公表されている場合は，記載しています。公表されていない場合は，記載していません。

独自の予想配点は，出題者の意図と異なる場合があり，お客様が学習するうえで誤った判断をしてしまう恐れがあるため記載していません。

（4）無断複製等の禁止

購入された個人のお客様が，ご家庭でご自身またはご家族の学習のためにコピーをすることは可能ですが，それ以外の目的でコピー，スキャン，転載（ブログ，ＳＮＳなどでの公開を含みます）などをすることは法律により禁止されています。学校や学習塾などで，児童生徒のためにコピーをして使用することも法律により禁止されています。

ご不明な点や，違法な疑いのある行為を確認された場合は，弊社までご連絡ください。

（5）けがに注意

この問題集は針を外して使用します。針を外すときは，けがをしないように注意してください。また，表紙カバーや問題用紙の端で手指を傷つけないように十分注意してください。

（6）正誤

制作には万全を期しておりますが，万が一誤りなどがございましたら，弊社までご連絡ください。

なお，誤りが判明した場合は，弊社ウェブサイトの「ご購入者様のページ」に掲載しておりますので，そちらもご確認ください。

■ お問い合わせ

解答例，解説，印刷，製本など，問題集発行におけるすべての責任は弊社にあります。

ご不明な点がございましたら，弊社ウェブサイトの「お問い合わせ」フォームよりご連絡ください。迅速に対応いたしますが，営業日の都合で回答に数日を要する場合があります。

ご入力いただいたメールアドレス宛に自動返信メールをお送りしています。自動返信メールが届かない場合は，「よくある質問」の「メールの問い合わせに対し返信がありません。」の項目をご確認ください。

また弊社営業日（平日）は，午前９時から午後５時まで，電話でのお問い合わせも受け付けています。

2025 春

株式会社教英出版
〒422-8054　静岡県静岡市駿河区南安倍３丁目 12-28
TEL　054-288-2131　　FAX　054-288-2133
URL　https://kyoei-syuppan.net/
MAIL siteform@kyoei-syuppan.net

教英出版　2025年春受験用　中学入試問題集

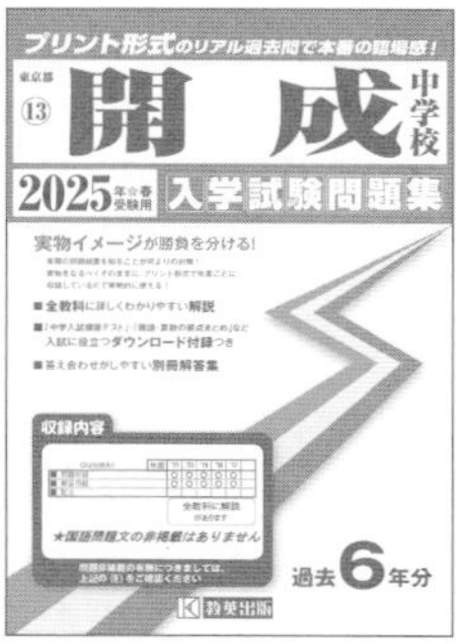

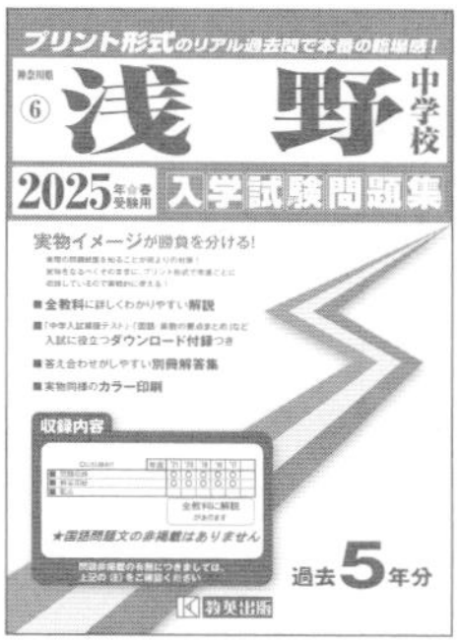

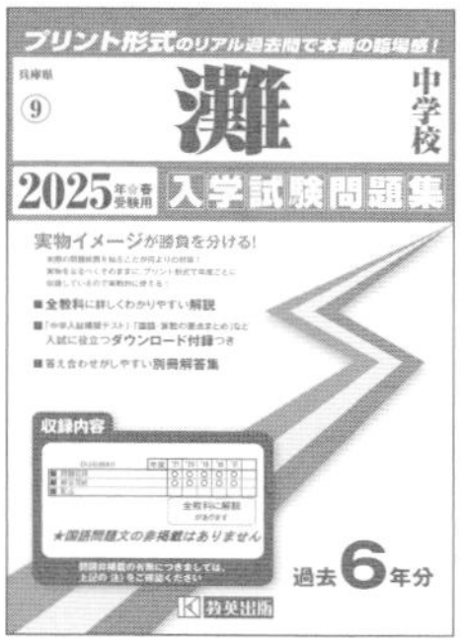

学校別問題集

✿はカラー問題対応

北海道

①[市立]札幌開成中等教育学校
②藤女子中学校
③北嶺中学校
④北星学園女子中学校
⑤札幌大谷中学校
⑥札幌光星中学校
⑦立命館慶祥中学校
⑧函館ラ・サール中学校

青森県

①[県立]三本木高等学校附属中学校

岩手県

①[県立]一関第一高等学校附属中学校

宮城県

①[県立]宮城県古川黎明中学校
②[県立]宮城県仙台二華中学校
③[市立]仙台青陵中等教育学校
④東北学院中学校
⑤仙台白百合学園中学校
⑥聖ウルスラ学院英智中学校
⑦宮城学院中学校
⑧秀光中学校
⑨古川学園中学校

秋田県

①[県立]
- 大館国際情報学院中学校
- 秋田南高等学校中等部
- 横手清陵学院中学校

山形県

①[県立]
- 東桜学館中学校
- 致道館中学校

福島県

①[県立]
- 会津学鳳中学校
- ふたば未来学園中学校

茨城県

①[県立]
- 日立第一高等学校附属中学校
- 太田第一高等学校附属中学校
- 水戸第一高等学校附属中学校
- 鉾田第一高等学校附属中学校
- 鹿島高等学校附属中学校
- 土浦第一高等学校附属中学校
- 竜ヶ崎第一高等学校附属中学校
- 下館第一高等学校附属中学校
- 下妻第一高等学校附属中学校
- 水海道第一高等学校附属中学校
- 勝田中等教育学校
- 並木中等教育学校
- 古河中等教育学校

栃木県

①[県立]
- 宇都宮東高等学校附属中学校
- 佐野高等学校附属中学校
- 矢板東高等学校附属中学校

群馬県

①
- [県立]中央中等教育学校
- [市立]四ツ葉学園中等教育学校
- [市立]太田中学校

埼玉県

①[県立]伊奈学園中学校
②[市立]浦和中学校
③[市立]大宮国際中等教育学校
④[市立]川口市立高等学校附属中学校

千葉県

①[県立]
- 千葉中学校
- 東葛飾中学校

②[市立]稲毛国際中等教育学校

東京都

①[国立]筑波大学附属駒場中学校
②[都立]白鷗高等学校附属中学校
③[都立]桜修館中等教育学校
④[都立]小石川中等教育学校
⑤[都立]両国高等学校附属中学校
⑥[都立]立川国際中等教育学校
⑦[都立]武蔵高等学校附属中学校
⑧[都立]大泉高等学校附属中学校
⑨[都立]富士高等学校附属中学校
⑩[都立]三鷹中等教育学校
⑪[都立]南多摩中等教育学校
⑫[区立]九段中等教育学校
⑬開成中学校
⑭麻布中学校
⑮桜蔭中学校
⑯女子学院中学校
✿⑰豊島岡女子学園中学校
⑱東京都市大学等々力中学校
⑲世田谷学園中学校
✿⑳広尾学園中学校（第2回）
✿㉑広尾学園中学校（医進・サイエンス回）
㉒渋谷教育学園渋谷中学校（第1回）
㉓渋谷教育学園渋谷中学校（第2回）
㉔東京農業大学第一高等学校中等部（2月1日 午後）
㉕東京農業大学第一高等学校中等部（2月2日 午後）

神奈川県

①［県立］相模原中等教育学校
　　　　平塚中等教育学校
②［市立］南高等学校附属中学校
③［市立］横浜サイエンスフロンティア高等学校附属中学校
④［市立］川崎高等学校附属中学校
✿⑤聖光学院中学校
✿⑥浅野中学校
⑦洗足学園中学校
⑧法政大学第二中学校
⑨逗子開成中学校（1次）
⑩逗子開成中学校（2・3次）
⑪神奈川大学附属中学校（第1回）
⑫神奈川大学附属中学校（第2・3回）
⑬栄光学園中学校
⑭フェリス女学院中学校

新潟県

①［県立］村上中等教育学校
　　　　柏崎翔洋中等教育学校
　　　　燕中等教育学校
　　　　津南中等教育学校
　　　　直江津中等教育学校
　　　　佐渡中等教育学校
②［市立］高志中等教育学校
③新潟第一中学校
④新潟明訓中学校

石川県

①［県立］金沢錦丘中学校
②星稜中学校

福井県

①［県立］高志中学校

山梨県

①山梨英和中学校
②山梨学院中学校
③駿台甲府中学校

長野県

①［県立］屋代高等学校附属中学校
　　　　諏訪清陵高等学校附属中学校
②［市立］長野中学校

岐阜県

①岐阜東中学校
②鶯谷中学校
③岐阜聖徳学園大学附属中学校

静岡県

①［国立］静岡大学教育学部附属中学校
　　　　（静岡・島田・浜松）
②［県立］清水南高等学校中等部
　［県立］浜松西高等学校中等部
　［市立］沼津高等学校中等部
③不二聖心女子学院中学校
④日本大学三島中学校
⑤加藤学園暁秀中学校
⑥星陵中学校
⑦東海大学付属静岡翔洋高等学校中等部
⑧静岡サレジオ中学校
⑨静岡英和女学院中学校
⑩静岡雙葉中学校
⑪静岡聖光学院中学校
⑫静岡学園中学校
⑬静岡大成中学校
⑭城南静岡中学校
⑮静岡北中学校
⑯常葉大学附属常葉中学校
　常葉大学附属橘中学校
　常葉大学附属菊川中学校
⑰藤枝明誠中学校
⑱浜松開誠館中学校
⑲静岡県西遠女子学園中学校
⑳浜松日体中学校
㉑浜松学芸中学校

愛知県

①［国立］愛知教育大学附属名古屋中学校
②愛知淑徳中学校
③名古屋経済大学市邨中学校
　名古屋経済大学高蔵中学校
④金城学院中学校
⑤椙山女学園中学校
⑥東海中学校
⑦南山中学校男子部
⑧南山中学校女子部
⑨聖霊中学校
⑩滝中学校
⑪名古屋中学校
⑫大成中学校
⑬愛知中学校
⑭星城中学校
⑮名古屋葵大学中学校
　（名古屋女子大学中学校）
⑯愛知工業大学名電中学校
⑰海陽中等教育学校（特別給費生）
⑱海陽中等教育学校（Ⅰ・Ⅱ）
⑲中部大学春日丘中学校
新刊⑳名古屋国際中学校

三重県

①［国立］三重大学教育学部附属中学校
②暁中学校
③海星中学校
④四日市メリノール学院中学校
⑤高田中学校
⑥セントヨゼフ女子学園中学校
⑦三重中学校
⑧皇學館中学校
⑨鈴鹿中等教育学校
⑩津田学園中学校

滋賀県

①［国立］滋賀大学教育学部附属中学校
②［県立］河瀬中学校
　　　　守山中学校
　　　　水口東中学校

京都府

①［国立］京都教育大学附属桃山中学校
②［府立］洛北高等学校附属中学校
③［府立］園部高等学校附属中学校
④［府立］福知山高等学校附属中学校
⑤［府立］南陽高等学校附属中学校
⑥［市立］西京高等学校附属中学校
⑦同志社中学校
⑧洛星中学校
⑨洛南高等学校附属中学校
⑩立命館中学校
⑪同志社国際中学校
⑫同志社女子中学校（前期日程）
⑬同志社女子中学校（後期日程）

大阪府

①［国立］大阪教育大学附属天王寺中学校
②［国立］大阪教育大学附属平野中学校
③［国立］大阪教育大学附属池田中学校

④[府立]富田林中学校
⑤[府立]咲くやこの花中学校
⑥[府立]水都国際中学校
⑦清風中学校
⑧高槻中学校（A日程）
⑨高槻中学校（B日程）
⑩明星中学校
⑪大阪女学院中学校
⑫大谷中学校
⑬四天王寺中学校
⑭帝塚山学院中学校
⑮大阪国際中学校
⑯大阪桐蔭中学校
⑰開明中学校
⑱関西大学第一中学校
⑲近畿大学附属中学校
⑳金蘭千里中学校
㉑金光八尾中学校
㉒清風南海中学校
㉓帝塚山学院泉ヶ丘中学校
㉔同志社香里中学校
㉕初芝立命館中学校
㉖関西大学中等部
㉗大阪星光学院中学校

兵庫県

①[国立]神戸大学附属中等教育学校
②[県立]兵庫県立大学附属中学校
③雲雀丘学園中学校
④関西学院中学部
⑤神戸女学院中学部
⑥甲陽学院中学校
⑦甲南中学校
⑧甲南女子中学校
⑨灘中学校
⑩親和中学校
⑪神戸海星女子学院中学校
⑫滝川中学校
⑬啓明学院中学校
⑭三田学園中学校
⑮淳心学院中学校
⑯仁川学院中学校
⑰六甲学院中学校
⑱須磨学園中学校(第1回入試)
⑲須磨学園中学校(第2回入試)
⑳須磨学園中学校(第3回入試)
㉑白陵中学校
㉒夙川中学校

奈良県

①[国立]奈良女子大学附属中等教育学校
②[国立]奈良教育大学附属中学校
③[県立]
　国際中学校
　青翔中学校
④[市立]一条高等学校附属中学校
⑤帝塚山中学校
⑥東大寺学園中学校
⑦奈良学園中学校
⑧西大和学園中学校

和歌山県

①[県立]
　古佐田丘中学校
　向陽中学校
　桐蔭中学校
　日高高等学校附属中学校
　田辺中学校
②智辯学園和歌山中学校
③近畿大学附属和歌山中学校
④開智中学校

岡山県

①[県立]岡山操山中学校
②[県立]倉敷天城中学校
③[県立]岡山大安寺中等教育学校
④[県立]津山中学校
⑤岡山中学校
⑥清心中学校
⑦岡山白陵中学校
⑧金光学園中学校
⑨就実中学校
⑩岡山理科大学附属中学校
⑪山陽学園中学校

広島県

①[国立]広島大学附属中学校
②[国立]広島大学附属福山中学校
③[県立]広島中学校
④[県立]三次中学校
⑤[県立]広島叡智学園中学校
⑥[市立]広島中等教育学校
⑦[市立]福山中学校
⑧広島学院中学校
⑨広島女学院中学校
⑩修道中学校
⑪崇徳中学校
⑫比治山女子中学校
⑬福山暁の星女子中学校
⑭安田女子中学校
⑮広島なぎさ中学校
⑯広島城北中学校
⑰近畿大学附属広島中学校福山校
⑱盈進中学校
⑲如水館中学校
⑳ノートルダム清心中学校
㉑銀河学院中学校
㉒近畿大学附属広島中学校東広島校
㉓AICJ中学校
㉔広島国際学院中学校
㉕広島修道大学ひろしま協創中学校

山口県

①[県立]
　下関中等教育学校
　高森みどり中学校
②野田学園中学校

徳島県

①[県立]
　富岡東中学校
　川島中学校
　城ノ内中等教育学校
②徳島文理中学校

香川県

①大手前丸亀中学校
②香川誠陵中学校

愛媛県

①[県立]
　今治東中等教育学校
　松山西中等教育学校
②愛光中学校
③済美平成中等教育学校
④新田青雲中等教育学校

高知県

①[県立]
　安芸中学校
　高知国際中学校
　中村中学校

福岡県

① [国立] 福岡教育大学附属中学校（福岡・小倉・久留米）
② [県立] 育徳館中学校
　門司学園中学校
　宗像中学校
　嘉穂高等学校附属中学校
　輝翔館中等教育学校
③西南学院中学校
④上智福岡中学校
⑤福岡女学院中学校
⑥福岡雙葉中学校
⑦照曜館中学校
⑧筑紫女学園中学校
⑨敬愛中学校
⑩久留米大学附設中学校
⑪飯塚日新館中学校
⑫明治学園中学校
⑬小倉日新館中学校
⑭久留米信愛中学校
⑮中村学園女子中学校
⑯福岡大学附属大濠中学校
⑰筑陽学園中学校
⑱九州国際大学付属中学校
⑲博多女子中学校
⑳東福岡自彊館中学校
㉑八女学院中学校

佐賀県

① [県立] 香楠中学校
　致遠館中学校
　唐津東中学校
　武雄青陵中学校
②弘学館中学校
③東明館中学校
④佐賀清和中学校
⑤成穎中学校
⑥早稲田佐賀中学校

長崎県

① [県立] 長崎東中学校
　佐世保北中学校
　諫早高等学校附属中学校
②青雲中学校
③長崎南山中学校
④長崎日本大学中学校
⑤海星中学校

熊本県

① [県立] 玉名高等学校附属中学校
　宇土中学校
　八代中学校
②真和中学校
③九州学院中学校
④ルーテル学院中学校
⑤熊本信愛女学院中学校
⑥熊本マリスト学園中学校
⑦熊本学園大学付属中学校

大分県

① [県立] 大分豊府中学校
②岩田中学校

宮崎県

① [県立] 五ヶ瀬中等教育学校
② [県立] 宮崎西高等学校附属中学校
　都城泉ヶ丘高等学校附属中学校
③宮崎日本大学中学校
④日向学院中学校
⑤宮崎第一中学校

鹿児島県

① [県立] 楠隼中学校
② [市立] 鹿児島玉龍中学校
③鹿児島修学館中学校
④ラ・サール中学校
⑤志學館中等部

沖縄県

① [県立] 与勝緑が丘中学校
　開邦中学校
　球陽中学校
　名護高等学校附属桜中学校

もっと過去問シリーズ

北海道

北嶺中学校
7年分（算数・理科・社会）

静岡県

静岡大学教育学部附属中学校
（静岡・島田・浜松）
10年分（算数）

愛知県

愛知淑徳中学校
7年分（算数・理科・社会）
東海中学校
7年分（算数・理科・社会）
南山中学校男子部
7年分（算数・理科・社会）
南山中学校女子部
7年分（算数・理科・社会）
滝中学校
7年分（算数・理科・社会）
名古屋中学校
7年分（算数・理科・社会）

岡山県

岡山白陵中学校
7年分（算数・理科）

広島県

広島大学附属中学校
7年分（算数・理科・社会）
広島大学附属福山中学校
7年分（算数・理科・社会）
広島学院中学校
7年分（算数・理科・社会）
広島女学院中学校
7年分（算数・理科・社会）
修道中学校
7年分（算数・理科・社会）
ノートルダム清心中学校
7年分（算数・理科・社会）

愛媛県

愛光中学校
7年分（算数・理科・社会）

福岡県

福岡教育大学附属中学校
（福岡・小倉・久留米）
7年分（算数・理科・社会）
西南学院中学校
7年分（算数・理科・社会）
久留米大学附設中学校
7年分（算数・理科・社会）
福岡大学附属大濠中学校
7年分（算数・理科・社会）

佐賀県

早稲田佐賀中学校
7年分（算数・理科・社会）

長崎県

青雲中学校
7年分（算数・理科・社会）

鹿児島県

ラ・サール中学校
7年分（算数・理科・社会）

※もっと過去問シリーズは
国語の収録はありません。

二〇二四年度

宮城学院中学校入学試験問題

国語

（四十五分）

（答えはすべて解答用紙に記入してください。）

注意

1 指示があるまで、この問題冊子を開いてはいけません。

2 国語問題の問題冊子には、表紙に続き、1ページから10ページまで問題が印刷されています。解答用紙は1ページ目に折りこんでありますので、取り出して記入してください。解答用紙は1枚です。

3 「始め」の指示で、中を開いて、解答用紙とこの問題冊子に受験番号を書きこんでください。その後、問題に取り組んでください。試験時間は45分です。

4 解答は、すべて解答用紙に記入してください。問題冊子の空いているところは、自由に使ってかまいません。

受験番号

2024(R6) 宮城学院中　２教科型入試
K 教英出版

一

次の文章は、台湾《たいわん》でＡＩ（人工知能）がどのように活用されているかを語った講演がもとになっています。これを読み、後の問いに答えなさい。（本文中にある①～④は図の番号を表しています）

先日、台湾のデジタル担当大臣オードリー・タンさんの講演をネットで聞きました。感染《かんせん》を防ぐためのマスクが不足する中、スマートフォンのアプリを使って、素早くみんなに行き渡《わた》るような仕組みを開発できたのはなぜか。行政でデジタル化が進んだわけについて話してくれました。

その答えの一つは「リバース・メンタリング」でした。リバースは、逆の、という意味です。メンタリングは、メンターと呼ばれる指導者が対話や助言によって気づきを与える指導法のことです。台湾では、得意分野を持つ三五歳以下の若い人が、大臣や行政の人たちにアドバイスする仕組みを、若者たちが国会議員に交渉《こうしょう》して作ったそうです。他方、若者の中に、社会の課題をプログラミングで解決するようなボランティアグループも育ち始め、みんなが協力したことで、すばやくマスクを手に入れるようなアプリができたとのことでした。もちろん、マスクの増産を一方で推《お》し進めていきました。

以来、マスクを求めて行列をしたり、探し回ったりすることなく、誰《だれ》もが平等にマスクを手に入れることができるようになりました。デジタル技術は人のつながりも網《あみ》（ネット）のように広げます。授ける人と受け取る人。贈《おく》る人といただく人。（注1）パンデミックの時だからこそ、より一層、気持ちも伝わります。1まさにＡＩの仕組みを理解し、利用する力をつけた人を育てていくことで、こうした社会を作っていくことができるのです。

もう一つ書いておきましょう。台湾にあったのはＡＩの技術だけではありませんでした。（注2）台北《たいほく》市内の歴史的な建物で、今は文化交流施設《しせつ》でもある中山堂にあった「性別友善厠所」（注3）（図３・４）。さて、何でしょう。トイレであることは、ある年代以上の方はすぐわかります。私がまだ子どもだったころ、トイレを「厠《かわや》」と言うお年寄りがまだたくさんいました。

さて台湾のこのトイレの入り口は一カ所で、「性別友善厠所」のプレート（①）の下には、人の形をした二つのイラストがかかっています。（注4）暖簾《のれん》をくぐって（②）中に入ると個別の扉《とびら》が左右に、全部で八つあり（③）、それぞれ洋式、和式、立式の三種類の絵が描《か》かれていました（Ｉ④はその一つです）。［ ＊ ］に分かれていないのです。女性用だけによく待ち行列ができることを考えてみれば、とても合理的です。性別友善とは日本でも理解が広まりつつあるＬＧＢＴＱなど、性的少数者（注5）に配慮《はいりょ》したトイレでした。

この台湾訪問の時、台北《たいほく》、台中《たいちゅう》市内の（注6）幼児園（幼稚園《ようちえん》と保育園が一体化したもの）と小学校を案内していただきました。そこでは、いろいろな国や民族の言葉を受け入れようとする方針があることを知りました。台湾には、独自の文化や言葉を持つ「原住民」と呼ばれる人々が暮らしています。日本語の「先住民」のような感じでしょうか。政府によって一六民族が認定されています（注：台湾にある順益台湾博物館の（注7）ＨＰには、次のような説明があります。（注8）「台湾の公用言語である台湾国語では、「先住民族は〝既《すで》にいなくなってしまった民族〟という意味があります。一方、「原住民族」は〝元々居住していた民族〟を指し、台湾では差別的な意味を持たず公式的に使用されています」（注9）。現地の表記にのっとりここでは「原住民」を使っています）。

そうした状況《じょうきょう》をふまえて、2二〇〇一年度より台湾の学校では、郷土言語教育が必修化されたそうです。言葉を理解し大切にすることは、背景にある歴史や文化、その中に暮らす人を理解し大切にすることにもつながります。

台湾の夜の文化として有名な夜市では、台湾だけでなく中国本土の様々な地域やアジア諸国の料理の屋台が並び、毎晩すごい活気です。多様な食べ物、文化を受け入れ、3それが台湾らしさを作り出しているように見えます。「個性を尊重し」「多Ⅱ様性を許容する」なんて小難しく考えず、身近な所に、日々の生活に、良いと思うものを（注10）旺盛《おうせい》に取り込《こ》んでいってしまう、芯《しん》の強さを感じます。

ＡＩの開発が進み、効率よく問題を解決してくれる社会が近づきつつあります。しかしＡＩは、他者の立場に身を置き、相手を理解して問題解決することは不得意です。（注11）ここまでのところでも何度も述べてきました。

異なる考え方や背景を持つ人たちを理解し、課題の解決に向け、時には妥協《だきょう》しつつ協同していくという、しなやかなありようが、予期していなかった状況に直面した際には、必要なのです。

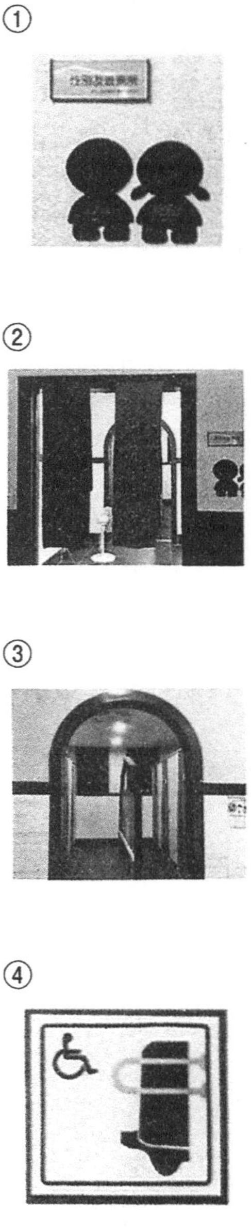

図３・４　台北市内の歴史的な建物・中山堂にあった「性別友善廁所」。性的少数者に配慮されている（筆者撮影《さつえい》）

人類の叡智《えいち》(注12)である科学的なものの見方、考え方をもとに、4世界に溢《あふ》れる困難な状況をみんなで乗り越《こ》えていきたいものです。その叡智を集めたＡＩは、人類が作り出した強力なツール(注13)です。これをよりよく使うには、その仕組みを理解しつつ、弱い立場の人たちに思いを寄せる「共感力」を持ち、活用していく力が必要なのです。そのためには普段《ふだん》から、なんか変だな、不思議だな、と思ったら立ち止まり、どうしてそうなっているのだろうと考え、じゃあ変えてみよう、と行動することからはじまります。

（美馬《みま》のゆり『ＡＩの時代を生きる』岩波ジュニア新書より）

（注１）パンデミック……………………病気が世界的に流行すること。
（注２）台北……………………………台湾の北部の都市の名前。
（注３）図３・４………………………ここよりも前の文章に図１・２がのっている。
（注４）暖簾……………………………部屋などの中が見えないように、上から垂らしてある布。
（注５）配慮……………………………いろいろなことを考え、気をつかうこと。
（注６）台中……………………………台湾の中部の都市の名前。
（注７）ＨＰ……………………………ホームページ。
（注８）公用言語………………………国が定めた公式な言語。
（注９）現地の表記にのっとり………現地の表記にしたがって
（注10）旺盛……………………………とてもさかんな様子。
（注11）ここまでのところ～述べてきました。……これ以前のところで筆者はＡＩの特ちょうについて述べている。
（注12）叡智……………………………とてもすぐれた知恵《ちえ》。
（注13）ツール…………………………道具。

問一　＝＝線部Ⅰ「合理的」・Ⅱ「芯の強さ」の本文中の言葉の意味として最もふさわしいものを次の中から選び、それぞれ記号で答えなさい。

Ⅰ 「合理的」

ア 気配りがされていて、親切な様子
イ 理くつに合っていて、むだがない様子
ウ はっきりしていて、わかりやすい様子
エ きちんとしていて、ととのっている様子

Ⅱ 「芯の強さ」

ア 強がって自分の失敗を認めない様子
イ 物事にとらわれずしなやかである様子
ウ 自分の考えをどこまでもおし通す様子
エ 自分の意思をしっかりと持っている様子

問二 ――線部**1**について、「こうした社会」とはどのような社会のことですか。本文中の言葉を使ってわかりやすく説明しなさい。

問三 [＊] に当てはまる言葉を考え、漢字二字で答えなさい。

問四 ――線部**2**について、「郷土言語教育」を「必修化」するとはどのようなことですか。その説明として最もふさわしいものを次の中から選び、記号で答えなさい。

ア 原住民族を受け入れるために、これまでの歴史や言語を学校で必ず学ぶようにすること。
イ 原住民族を理解し尊重するために、その民族の使っている言語を必ず学ぶようにすること。
ウ 先住民族の言葉がこの世から消えてしまわないように、学校で必ず学ぶようにすること。
エ 自分たちの言葉の成り立ちを理解するために先住民族の言葉を必ず学ぶようにすること。

問五　――線部**3**について、「台湾らしさ」について説明したものとして最もふさわしいものを次の中から選び、記号で答えなさい。

ア　さまざまな国の文化をすべて取り入れ、個性や多様性を大切にしていこうとする姿勢。
イ　自分たちの技術よりすぐれているものをさらなる発展のために自主的に取り入れる姿勢。
ウ　みりょくを感じたものを自分の身のまわりや日常の中に積極的に取り入れていく姿勢。
エ　普段から原住民族の言語を生活の中に取り入れることで、差別をなくそうとする姿勢。

問六　――線部**4**について、次の(1)・(2)に答えなさい。

(1)　「ＡＩ」が得意なこと・不得意なことを本文中の言葉を使ってそれぞれ簡単にまとめなさい。
(2)　「世界に溢れる困難な状況をみんなで乗り越え」るためには、どのようなことが必要だと筆者は考えていますか。説明しなさい。

二

次の文章を読んで、後の問いに答えなさい。

「うわ～、この世にこんなに楽しい〝参加型の総合エンタメ〟があるなんて！地球はドデカいテーマパークなんだなぁ！」20歳《さい》のとき、初めて海外ひとり旅に出た私は、そのすべてが新鮮《しんせん》で目を見張った。３６０度、日本とはまるで違《ちが》う別世界。未知の人々、食べ物、街の雰囲気《ふんいき》や匂《にお》い……。旅する中、どれだけ沢山《たくさん》の人に道を教えてもらい、「サンキュ～、ベリベリマッチ!!」「ハハハ！　ハヴァ　ナイス　トラベル（よい旅を）!!」と手を振《ふ》り合ったことだろう。

思えば、学生時代の私は「生きている実感」がなく、モンモンとしていた。将来のことが不安で、自分の外見にも内面にも不満タラタラで、人と比べてばかりいた日々……。でもそんな**1**〝劣等感《コンプレックス》の塊《かたまり》〟だったおかげで、「自分を変えたい！」と旅

〔6〕 下の図のように黒石の正五角形，白石の正五角形，黒石の正五角形，・・・と内側から順に並《なら》べていきます。

次の問いに答えなさい。

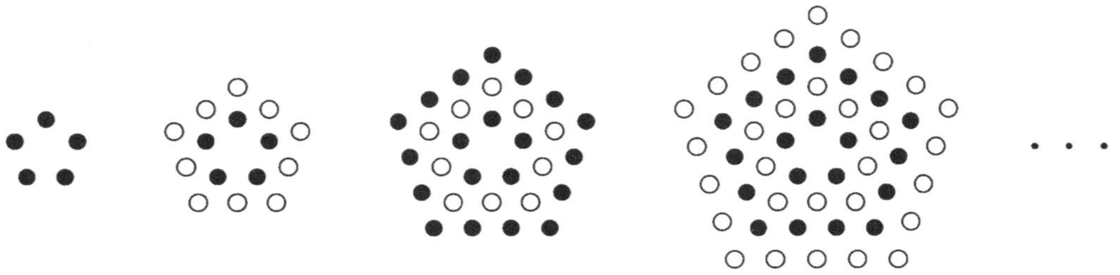

1番目　　2番目　　3番目　　4番目　　・・・

（1） 5番目の一番外側に黒石は何個並んでいますか。

（2） 一番外側に50個の石が並んだとき，この正五角形の1辺には何個の石が並んでいますか。

（3） 一番外側の正五角形の1辺に15個の石が並んだとき，黒石と白石は全部で何個並んでいますか。

（4） 黒石が87個残りました。あと8個の黒石があれば外側にもう1つ正五角形になるように並べることができます。このとき，白石は全部で何個並んでいますか。

〔5〕 右の円グラフはある学校の生徒全員について，通学地域別の人数の割合を表したものです。
次の問いに答えなさい。

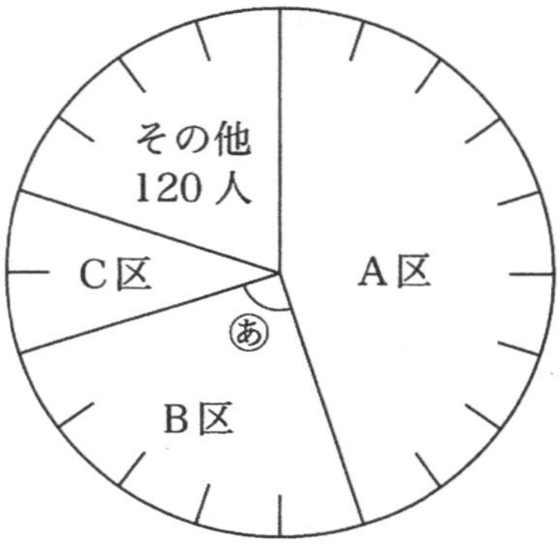

（1） この学校の全校生徒は何人ですか。

（2） C区から通学している生徒は何人ですか。

（3） あの角度は何度ですか。

〔４〕 次の問いに答えなさい。

（１） 下の図の影《かげ》の部分の面積と周りの長さを求めなさい。
ただし，円周率は3.14とします。

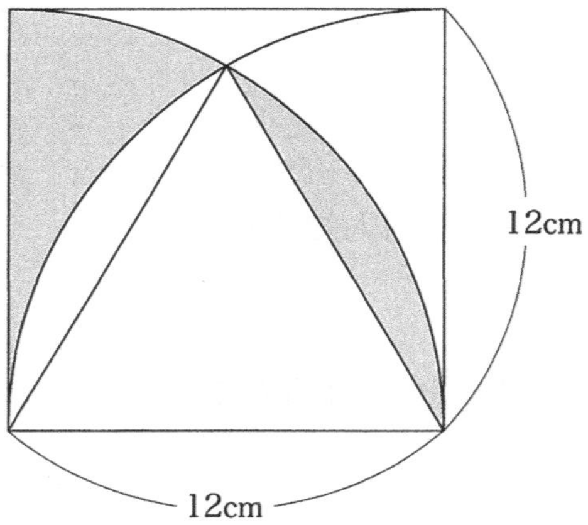

（２） 下の図で，あ，いの角の大きさを求めなさい。

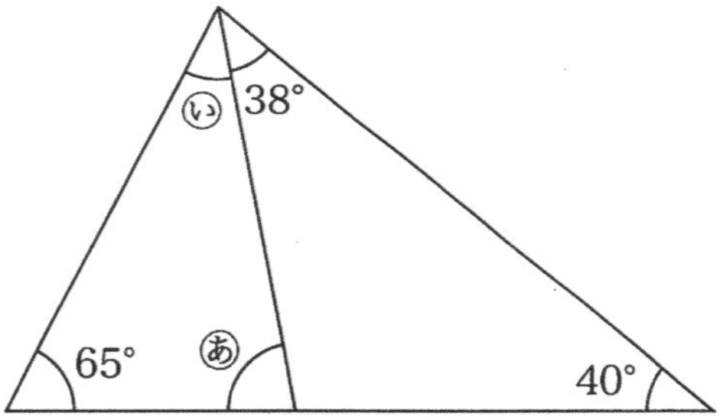

問二

(1

(2)

問三

問四

問五

という気持ち。

問六

三

1	2	3	4	5
部首	部首	部首	部首	部首
部首名	部首名	部首名	部首名	部首名

四

1	2	3	4	5
クマ	ヒロ（う）	セイフク	アラタメル	チラカス
	う			
6	7	8	9	10
健（やかな）	玉座	肥（える）	反省	営（む）
やかな		える		む

２０２４年度　宮城学院中学校入学試験問題　解答用紙

算　　数

〔1〕の答え	
(1)	
(2)	
(3)	
(4)	
(5)	
(6)	

〔2〕の答え	
(1)	cm^3
(2)	

〔4〕の答え		
(1)	面積	cm^2
	周りの長さ	cm
(2)	㋐	度
	㋑	度

〔5〕の答え	
(1)	人
(2)	人
(3)	度

【解答用

二〇二四年度

宮城学院中学校英語入学試験

作文（四〇分）

受験番号	

注意

一　指示があるまで、この問題用紙を開いてはいけません。

二　作文の問題用紙には、表紙に続き、問題が印刷されています。解答用紙は中央に折りこんでありますので、取り出して記入してください。解答用紙は一枚です。

三　「始め」の指示で中を開いて、解答用紙とこの問題文に受験番号を書き込んでください。その後、問題に取り組んでください。試験時間は四〇分です。

問題

二〇二三年三月のＷＢＣ（ワールド・ベースボール・クラシック）決勝戦で、侍《さむらい》ジャパンがアメリカを三対二で下して三大会ぶり三度目の優勝《ゆうしょう》をして、多くの人に感動を与えました。このように皆さんも感動して心が熱くなった経験があるのではないでしょうか。

そのことに関して、あなたの考えを四〇〇字以上五〇〇字以内で書きなさい。

【条件】

① 作文は三段落《だんらく》構成で書きなさい。

② 一段落目では、これまでにあなたが感動した出来事について書きなさい。

③ 二段落目では、②について、なぜ感動したのか、その時に感じた思いや考えたことなどにふれながら書きなさい。

④ 三段落目では、②③の内容をふまえて、入学後どのような中学校生活を過ごしていきたいかを書きなさい。

（注意）① 題名、氏名は書かずに、一行目から書き始めること。

② 原稿《げんこう》用紙の正しい使い方にしたがい、文字やかなづかいも正確に書くこと。

【面接官資料】

2024年度宮城学院中学校入学試験 **I期　英語**　（15分）

（評価基準非公表）

In a small town, there is a cozy café. It's a comfortable place with soft chairs and quiet music. The café has delicious cakes and hot coffee. People from the town visit it every day. Mary works there, and she's friendly. She takes the orders and serves them with a smile.

The café also has a lovely garden with colorful flowers. It's a great place to relax and enjoy nature. You can sit at the garden tables, enjoy the flowers, while you drink your coffee.

People love the café because it's a peaceful place. It's perfect for meeting friends or just spending some quiet time alone.

Interview Questions

1. When do people from the town visit the café?
2. Where does Mary work?
3. What can you enjoy at the café?
4. Do you often go to a café?
5. Yes. → What do you enjoy there?

   No. → Where do you go with your family on weekends?

500	80	60	40	20	400	80	60	40	20	300	80

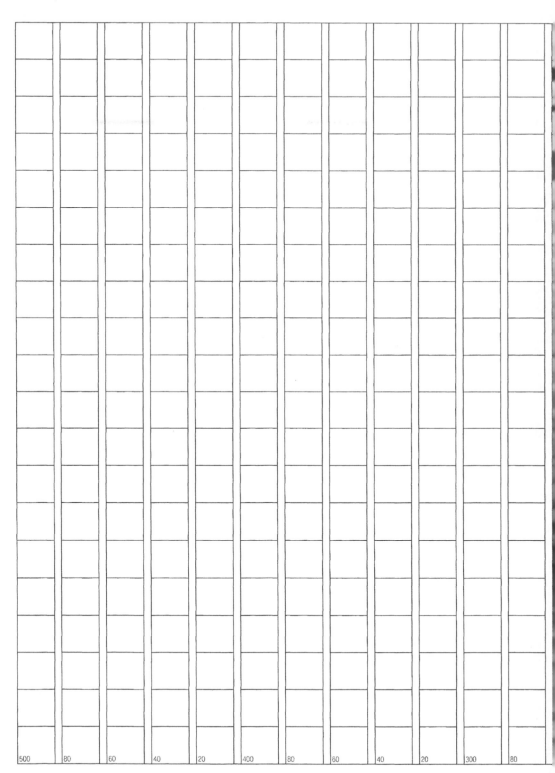

（評価基準非公表）

受験番号

宮城学院中学校　英語入学試験　作文　解答用紙（四〇分）

（4）	点
（5）	mL
（6）	cm^2
（7）	cm

〔6〕の答え	
（1）	個
（2）	個
（3）	個
（4）	個

〔3〕の答え	
（1）	m
（2）	分後
（3）	分後

受験番号	

採　点　欄
※100点満点 （配点非公表）

二〇二四年度　宮城学院中学校入学試験問題

国語（解答用紙）

受験番号

得点らん	
一	
二	
三	
四	
合計	※100点満点（配点非公表）

一

採点らん								

問一		問二	問三	問四	問五	問六		
Ⅰ	Ⅱ					(1)		(2)
						得意なこと	不得意なこと	

二

問一	
Ⅰ	Ⅱ

〔3〕 池の周りに1周960mの道があります。山田さんは分速75m，村上さんは分速45mで，2人は同じ地点を同時に出発します。

次の問いに答えなさい。

（1） 山田さんと村上さんが反対方向に回るとき，2人が出発してから5分後までに進んだ道のりの和は何mですか。

（2） 山田さんと村上さんが反対方向に回るとき，2人がはじめて出会うのは出発してから何分後ですか。

（3） 山田さんと村上さんが同じ方向に回るとき，はじめて山田さんが村上さんを追いこすのは出発してから何分後ですか。

〔2〕 次の問いに答えなさい。

（1） 1辺が3mの立方体の体積は何cm^3ですか。

（2） 72と108の最小公倍数はいくつですか。

（3） 1200円の品物を2割引きで買いました。代金はいくらですか。
ただし，消費税《しょうひぜい》は考えないものとします。

（4） 小川さんのテストの点数が，国語70点，英語76点でした。算数で何点とれば3教科の平均点が78点になりますか。

（5） ケチャップとマヨネーズを3:2の割合で混ぜてオーロラソースを作ります。オーロラソースを200mL作るとき，ケチャップは何mL混ぜればよいですか。

（6） 右の図の影《かげ》の部分の面積を求めなさい。
ただし，円周率は3.14とします。

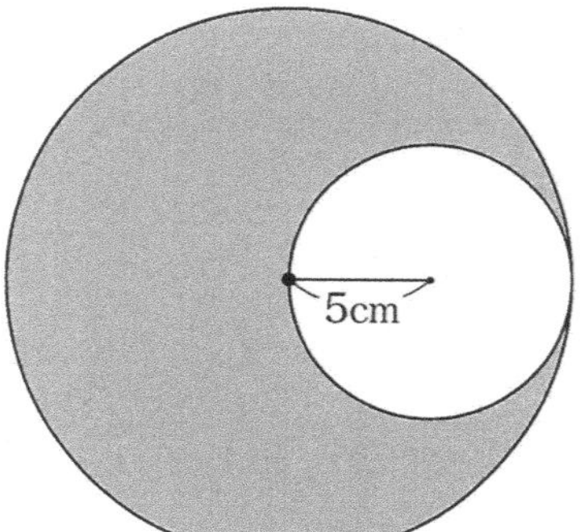

（7） 高さが3cm，面積が$6cm^2$の三角形の底辺の長さは何cmですか。

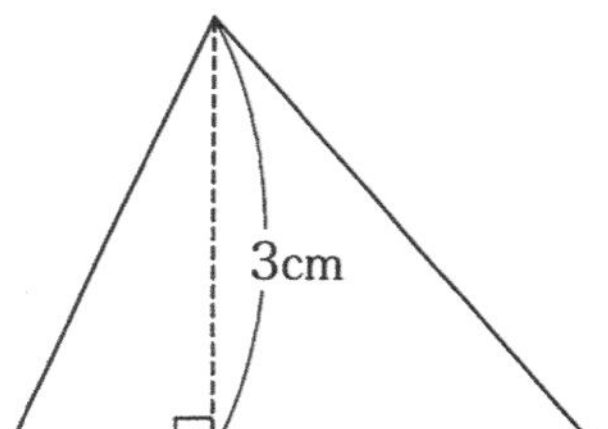

〔1〕 次の計算をしなさい。

（1） $36 - 24 \div 6 + 5$

（2） $172 - (17 + 25 \times 4)$

（3） $6.3 \times 7.5 \times 0.4$

（4） $0.3 + \frac{17}{9} - \frac{9}{5}$

（5） $\frac{3}{4} \times 6.7 + 3.3 \times \frac{3}{4}$

（6） $\left(3\frac{3}{4} - \frac{1}{6} \times 5\right) \div \frac{7}{8}$

２０２４年度

宮城学院中学校入学試験問題

算　　数

（４５分）

注　意

1　指示があるまで，この問題冊子を開いてはいけません。

2　算数の問題冊子には，表紙に続き，１ページから６ページまで問題が印刷されています。解答用紙は１ページ目に折りこんでありますので，取り出して記入してください。解答用紙は１枚です。

3　「始め」の指示で，中を開いて，解答用紙とこの問題冊子に受験番号を書きこんでください。その後，問題に取り組んでください。試験時間は45分です。

4　解答は，すべて解答用紙に記入してください。問題冊子の空いているところは，自由に使ってかまいません。

受験番号	

立つことができたし、欠点としか思えなかった〝方向オンチ〟のおかげで人に道を聞くキッカケができ、現地の人と笑顔を交わすことができたのだ。ありったけの勇気を振り絞《しぼ》って、ひとり旅に出たことで、生まれて初めて「自分の欠点は全部、長所なんだ！」と思えるようになった喜びといったらなかった。

あぁ、いつか、地球の素晴《すば》らしさを伝える係になれたらなぁ……！　そんなことを夢見た私は、就職しても旅をあきらめなかった。そして、映画会社に勤める（注1）傍《かたわ》ら、年イチで海外旅に出るうち、（注2）紀行エッセイ本デビューを果たすこともできたのだ。

ところが、仕事は年々多忙《たぼう》になり、旅立てるのは数年に一度っきりに。いつしか私は「〝今の自分〟のままで死にたくない」と思うようになった。生まれたからには、人は必ず死ぬ。でも、自分らしく生きられず、自分を好きになれないまま死ぬなんてイヤだ！考えてみれば、お金や、地位、学歴、美貌《びぼう》があっても、幸せじゃない人はⅠゴマンといる。そう思うと、人間にとって最大の不幸は「自分を好きになれないこと」で、最大の幸せは「自分を［　＊　］こと」なんじゃないか……？

心底そう思った私は、2命綱《いのちづな》なしのバンジージャンプを飛ぶような気持ちで、18年間勤めた会社を辞《や》めた。

以来、国内外を旅する傍ら、3旅で学んだことを大学でも教えるようになったのだが、あるとき、教え子から「生きる意味が分からない」と打ち明けられた。その悩《なや》みが他人事《ひとごと》ではなかった私は、彼《かれ》に前向きな心が湧《わ》いてくるような文章を書きたいと思ったのだ。今後の自分自身のためにも。

「わたしは、なぜ生きてるの？」から始まる文章は、シンプルな問いと答えが交互《こうご》に現れる形で進んでいく。

「生きるって、なに？」「それは、自分をまるごと愛すること」
「自分をまるごと愛するって？」「それは、自分を大事にすること」
「自分を大事にするって？」「それは、幸せになること」
「幸せになるって？」「それは、自分をイジメないこと」
「自分をイジメないって？」「それは、人と比べて、自分をダメな人間だと思わず、毎日、自分を抱《だ》きしめること」
「人と比べて、自分をダメな人間だと思わず、毎日、自分を抱きしめるって？」……。

この文章を教え子に贈《おく》ったところ、「いつも母親に『人に迷惑《めいわく》をかけるな』と言われ、誰《だれ》にも助けを求めることができなかったけれど、『迷惑をかけてもいい』という言葉で救われました。今後、本当に助けが必要なときには、誰かに助けを求めようと思います」という手紙をもらい、ハートに火がついた。今まで紀行エッセイ本を沢山書いてきたけれど、より大きなテーマ「生きる意味」を伝えたいⅡ一心で、文章に世界旅で撮《と》った写真をつけ、『生きるって、なに?』という一冊の本にしたのだ。

この本をキッカケに、講演する機会が急増。講演後のサインハグ会で人生相談をされるようになり、悩める人の心にもっと寄り添《そ》える本が作りたい!という思いがあふれ、誕生した本が4『逃《に》げろ　生きろ　生きのびろ!』だった。

この書名にしたのは、私自身、逃げて、生きのびることができたからだ。人生で幾度《いくど》となく「自分なんて消えてしまいたい……」と落ち込《こ》み、うつ状態まで追い詰《つ》められても、誰も「逃げなよ!」とは言ってくれず、自分を責めてきた。だからこそ、「自分に劣等感を抱《いだ》かせるような人や場所とは、縁《えん》を切って(or(注3) 距離《きょり》を置いて)逃げていいんだよ!」と伝えたかったのだ。

振り返れば、「自分を守るため」に、いろんな場所やいろんな人から逃げてきた。でも、そもそも、アフリカで生まれた人類が旅を始め、世界中に広がっていったのは、「今いる場所」が何かしら居心地が悪かったからだ。「おいしいものが食べたい!」「暑い(寒い)のが嫌《いや》だ」といった希望、災害や人間関係の悩み……その時々の理由がなんであれ、生まれた場所が最高の居心地なら、故郷から旅立つことはなかっただろう。「生きのびるために逃げる」のは、言い方を変えれば「理想の場所を求めて旅立つ」前向きな生き方なのだ。

(たかのてるこ　「『ひとり旅』は、〝地球最大の学校〟」より)

(注1) 傍ら……………あることをしながら。
(注2) 紀行エッセイ本…筆者が経験した旅を通して考えたことや感じたことを記録した本。
(注3) or……………「または」という意味の英語。

問一　＝＝線部Ⅰ「ゴマンと」・Ⅱ「一心で」の本文中の言葉の意味を後から選び、それぞれ記号で答えなさい。

Ⅰ　「ゴマンと」

ア　とてもたくさん
イ　無限に
ウ　少ない
エ　身近に

Ⅱ　「一心で」

ア　そのことだけを考える様子
イ　みんなの心が一つになる様子
ウ　思い出として大事にしている様子
エ　自分の気持ちをすなおに伝える様子

問二　――線部1について、次の(1)・(2)に答えなさい。

(1)　「劣等感の塊」とありますが、「私」が感じていた「劣等感」とは具体的にどのようなことですか。答えなさい。

(2)　「自分を変えたい！」と旅立った筆者は、ひとり旅を通してどのように変わったのですか。本文中の言葉を使って答えなさい。

問三　［　＊　］に当てはまる言葉を五字程度で考えて答えなさい。

問四　――線部**2**「命綱なしのバンジージャンプを飛ぶような気持ち」とは具体的にどのような気持ちですか。その説明として最もふさわしいものを次の中から選び、記号で答えなさい。

ア　あえて危険なものにちょう戦することで、スリルを味わおうとする気持ち。
イ　他人のことは考えずに、自分が今やりたいことだけを優先する気持ち。
ウ　自分の命のことは全く考えずに、自分の使命を果たそうとする気持ち。
エ　不安がありながらも、結果のことは気にせずに思い切ってちょう戦する気持ち。

問五　――線部**3**について、「その悩み」とは具体的にどのようなものですか。「～という気持ち。」に続く形で、本文中から十字程度でぬき出して答えなさい。句読点や記号は字数にふくみません。

問六　――線部**4**『逃げろ　生きろ　生きのびろ！』という書名には筆者のどのような思いがこめられていますか。説明しなさい。

三

例にならって、次の1～5の漢字について部首と部首名をそれぞれ答えなさい。

【例】　体

部首	部首名
亻	にんべん

1　設

2　箱

3　然

4　慣

5　脈

四

次の――線部のカタカナは漢字に直し、漢字はひらがなで読みを書きなさい。ただし、4・5については送りがなも書きなさい。

1 森でクマに出会う。

2 落とし物をヒロう。

3 中学校のセイフク。

4 言葉をアラタメル。

5 部屋をチラカス。

6 健やかな成長。

7 王様の玉座。

8 牛が肥える。

9 失敗を反省する。

10 店を営む。

（問題は以上で終わりです。）

二〇二三年度

宮城学院中学校入学試験問題

国語

（四十五分）

（答えはすべて解答用紙に記入してください。）

注意

1 指示があるまで、この問題冊子を開いてはいけません。

2 国語問題の問題冊子には、表紙に続き、1ページから9ページまで問題が印刷されています。解答用紙は1ページ目に折りこんでありますので、取り出して記入してください。解答用紙は1枚です。

3 「始め」の指示で、中を開いて、解答用紙とこの問題冊子に受験番号を書きこんでください。その後、問題に取り組んでください。試験時間は45分です。

4 解答は、すべて解答用紙に記入してください。問題冊子の空いているところは、自由に使ってかまいません。

受験番号

一　次の文章を読み、後の問いに答えなさい。

私は今も毎日、怠《なま》けないで描《か》くようにしています。好きでやっているから毎日続けるのは楽しいし、(注1)それに円一つにしても毎日描かないと［A］がにぶります。「ちょっと気分が乗らなくて今日は描けない」などと(注2)言うのはアマチュアです。プロは、毎日描けるようにしなくてはなりません。そのためには自分らしい線が描けるよう、常にコンディションを整えることが大事です。

もちろん(注3)スランプはあります。しかし、プロは『スランプなどあってはいけない』と考えるべきなのです。だから、スランプ脱出《だっしゅつ》法ももっていなくてはなりません。スランプにおちいったと感じた時に脱出法をいくつもっているか、それがプロかアマチュアかの違《ちが》いです。1陶芸家《とうげいか》で私の大学の恩師だった八木一夫《やぎかずお》先生に「スランプからどうやって脱出するんですか」と生《なま》意気《いき》にもお聞きしたことがあります。「内緒《ないしょ》やけど教えたろうか。簡単や。あのな、昨日作ったものをもう一回、真似《まね》して作ってみい。そうしたらつまらんやろ？むちゃくちゃ退屈《たいくつ》するやろ？」と教わりました。退屈だと感じたら、次に退屈じゃないものが生まれてくる、だからいちばん退屈なことをしてみろというわけです。たしかに自分を真似するということぐらい退屈で嫌《いや》なことはありません。簡単なことのくり返しはあきてしまう。簡単じゃないから楽しく遊べる。私が今している仕事も遊びです。いろいろな世界と遊んでいるのです。私はそれが楽しいのです。

私の今後のテーマは『画家には何ができるか』と考えて作品を発表することです。個性を評価されるということにふくまれますが、私は『画家にしかできないことがある』と思うのです。

私は父からいくつか学んだことがあります。父はよく「何も知らないのが当たり前。人に聞くということはとてもいいことだ。全部知っている人なんかいない。それなのに、どうして聞くのをはずかしがるんだい？」と言っていました。私は、無知《むち》ははずかしくないと分かって安心しました。また、2「何かがはやったら、必ずその反対を見てごらん。みんなが右を見ていたら左を見てごらん。みんなが上を見ていたら下を見てごらん」ということも教わりました。

ある時、大学の先輩《せんぱい》が、写真を使った版画で国際展で受賞しました。自分の身近な人間が、突然、(注4)国際的に名前が売れたのです。それは後輩の私たちは、世界と自分との距離《きょり》が縮まった気がしてはげみになりました。ちょうどコンセプチュアルアート（概念《がいねん》芸術）がはやり、「絵を描くことはカッコよくない。芸術は文字や写真を使うだけでいい」とこれまでの図像というものが否定され、写真製版の版画がもてはやされた時代です。しかし私は、写真を使ったものより自分の手で描いた版画が好きでした。国際展を見ても、写真を使った作品ばかりではなかったので、世界は広いと気がつきました。父の「何かがはやったらその反対を見てごらん」という助言も思いうかびました。そんなわけで、写真を使った冷たい感じの機械的な版画が流行している時に、私は『自分の好きな、手作りの温《ぬく》もりがある版画を発表しよう』と考えて手描きの銅版画(注5)を始め、それで幸いにもデビューできたのです。

小さな頃《ころ》から私にいろいろ教えてくれた大好きな父でしたが、十五年前に亡《な》くなりました。(注6)大動脈瘤《だいどうみゃくりゅう》が破裂《はれつ》して、簡単な手術のあと、病院のベッドの上で身動きがとれないような最期《さいご》でした。父の死後、私は『父はどんな風景を見ていたのだろうか』と思って、父が寝《ね》ていたベッドに横になってみました。3なみだが出てきました。病室の天井《てんじょう》というのは非常に殺風景で、電灯や医療《いりょう》機器だけしか設置されていません。病室に窓はあるけれど、父の視点からは窓の上部しか見えません。壁《かべ》にかざられている絵も、ベッドに寝ていると見えませんでした。私は『父が最期まで見ていた風景はなんと貧しいものだったのだろう！』と悲しくなりました。そして、病室の天井は大事だと痛感しました。

このようなことがあって、私は『絵描きとして、病院で患者《かんじゃ》さんにいい風景を見せてあげたい。ベッドに仰向《あおむ》けのまま動けない患者さんが毎日みる天井に、その人を力づけるような絵が描けたらなあ……』と思うようになりました。私は、ある時その考えを知り合いのお医者さんに話しました。すると、「なるほど。とてもいいアイデアですね」と言ってくれました。そこで天井画を描いてみることにしたわけです。

画家は、絵を見る人の立場になって『誰《だれ》が見るのだろうか』『誰の役に立つのだろうか』『誰がいやされるのだろうか』と考え、見る人が望んでいるようにしてあげなくてはいけないと思います。そういう発想がこれから大事になってくるでしょう。何のために絵を描いているのだろうかというイマジネーションが必要だと思います。

(注7)谷川俊太郎《たにかわしゅんたろう》先生の『真っ白でいるよりも』という詩の一節を紹介《しょうかい》しましょう。

私は空から見られているのだわ
カラスに雲にトンボに天使に
空から見ると
意地悪も嫉妬《しっと》も見えなくなって

私は私じゃなくなって
きっと地面に溶《と》けている

人間は「私は、私は」と言っているけれど、大きな宇宙から見ると本当に小さな存在です。「私、私」と言わなくても、大きなところから見られていると、意地悪や嫉妬などは小さなどうでもよいことで、自分も地面に溶けこんでいるという感じになります。

私は、4画家としての個性や自分らしさというのはもちろん大事だけれど、同時に、私のまわりに対して、思いやりのある優しい存在でありたいと願っています。

（山本容子《やまもとようこ》「自分らしさの表現」より）

（注1）アマチュア ……………… 芸術やスポーツなどを職業としてではなく趣味として行う人のこと。
（注2）コンディション ………… 何かに取り組むときの状態や具合。
（注3）スランプ ………………… 仕事や成績が一時的にうまくいかなくなる状態。
（注4）コンセプチュアルアート（概念芸術）…… 一九六〇年代後半から七〇年代にかけて現れた芸術。作品ではなく、アイデアや考えそのものを芸術とみるもの。
（注5）銅版画 …………………… 銅の板に絵をほり印刷して作った版画。
（注6）大動脈瘤 ………………… 大動脈の一部がこぶ状にはれ上がる危険な病気。
（注7）谷川俊太郎 ……………… 一九三一～。詩人。

問一 **A** に当てはまるからだの部分を表す言葉として最もふさわしいものを次の中から選び、記号で答えなさい。

ア 目　　イ 足　　ウ 腕《うで》　　エ 眉《まゆ》

問二　――線部**1**について、筆者の恩師である八木一夫先生の「スランプ脱出法」を説明した次の文の【　　】に入る言葉を本文中からぬき出しなさい。

一度作った作品をもう一度【　①　】作り、【　②　】だと感じることで、次には【　②　】ではない作品を生み出すという方法。

問三　――線部**2**について、「何かがはやったら、必ずその反対を見てごらん」という父の助言にしたがって、筆者はどのような作品作りに取り組みましたか。「～がはやっているとき、筆者は反対に…」という形で答えなさい。

問四　――線部**3**について、なぜ「なみだ」が出てきたのか。理由を説明しなさい。

問五　――線部**4**から読み取れる筆者の願いを説明した文として最もふさわしいものを次の中から選び、記号で答えなさい。

ア　見る人の気持ちを思いやって描き、何より自分らしさを大切にする人間でありたい。
イ　自分の見方も大切にしながら、どう描いたら見る人の役に立つかを考えて描きたい。
ウ　自分の目線に立つことをやめ、自分のまわりの人々の気持ちになり切って描きたい。
エ　うまい絵を描くこと以上に、まわりの身近な人を思いやれる優しい人間になりたい。

二　次の文章を読み、後の問いに答えなさい。

本州の南から沖縄《おきなわ》にかけて、浅瀬《あさせ》の砂地にはハゼと共生しているテッポウエビがいます。砂地という環境《かんきょう》は、岩場とちがい、逃げ隠《かく》れできる岩かげや穴がありません。砂の下にもぐり込む以外、身の隠し場所がないのです。そこで多くの砂地の動物は、砂に穴を掘《ほ》ってその中で暮らしています。ニシキテッポウエビもその一つです。

このエビは体長が二〜四センチ。はさみを使って砂にトンネルを掘って巣穴にしています。1このトンネルは、直径二〜三センチで長さが一メートル以上。表面から斜《なな》め下に向かって走って、数本に枝分れしており、この中にエビは一匹もしくは雌雄《しゆう》(注1)一対《いっつい》で棲《す》(注2)んでいます。

2ハゼもこのトンネルに棲まわせてもらっています。なにせこれだけ大きい巣穴ですから、五センチ程度のハゼ一匹くらい同居させても、問題にならないでしょう。

ハゼは棲まわせてもらっているお礼に、3エビの番犬の役目を果たします。

ニシキテッポウエビは視力が弱く、ほとんど見えません。ですから、巣の外に出た時は、危険きわまりない(注3)んですね。でも食事をとるためには外に出なければなりません。エビは巣穴近くで表面の砂をすくいとって、中に入っている有機物を食べます。その時にハゼが番犬役を務《つと》めます。

ニシキテッポウエビと共生しているのは、ダテハゼやヒメダテハゼです。ハゼはいつも巣穴の入口にしっぽをさしこむような姿勢で見張りに立っています。エビは穴の中からのぼってきて、出口に近づくと、体の倍もある長い触角《しょっかく》でハゼの尾《お》びれに触《さわ》ります。すると、外に危険のないときには、ハゼは尾びれをゆっくり動かして安全のサインを送ります。そこではじめて、エビは穴から外に出ます。

穴の外にいるときには、エビは絶えず一方の触角でハゼのひれに触っています。危険が近づくと、ハゼはひれをはげしく震《ふる》わします。このサインがくると、エビは即座《そくざ》(注4)に後ずさりして、尾から穴の中に逃げ込みます。どんな時にハゼが危険信号を送るかというと、大形の魚と、中形でも動物を食う魚が近づいた時です。

このような、ハゼとエビとの密接な協力関係は、「サンゴ礁《しょう》」と「砂地」という、二つの条件が重なって進化してきたものだと思われます。サンゴ礁域は捕食者《ほしょくしゃ》(注5)の数が多い、つまり捕食圧が高い。そして砂地は穴を掘る以外に身を隠す方法がな

〔6〕 下のように，あるきまりにしたがって数が並《なら》んでいます。
次の問いに答えなさい。

1段目　1
2段目　2　3
3段目　6　5　4
4段目　7　8　9　10
5段目　15　14　13　12　11
6段目　16　17　18　・・・
⋮　⋮

（1） 7段目の左から2番目の数はいくつですか。

（2） 50は何段目の左から何番目ですか。

（3） 10段目に並んでいる数をすべてたすといくつですか。

〔５〕 下のグラフは，ひろみさんが家から2000ｍはなれた図書館まで歩いて行き，本を借りてから同じ道を通って家に帰ったようすを表したものです。
次の問いに答えなさい。

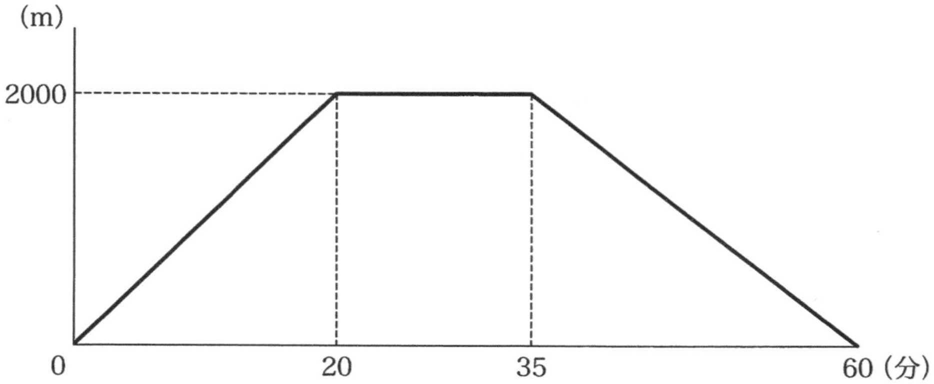

（１） 家から図書館に行くまでの歩く速さは分速何ｍですか。

（２） 図書館にいた時間は何分間ですか。

（３） 図書館から家まで帰るときの歩く速さは分速何ｍですか。

（４） 家を出発してから50分後，ひろみさんと家との距離《きょり》は何ｍですか。

〔4〕 次の問いに答えなさい。

（1） 下の図で点Oは円の中心です。(あ)の角の大きさを求めなさい。

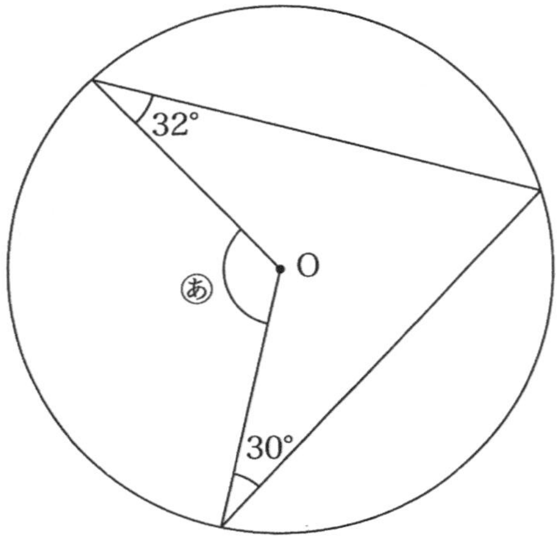

（2） 下の図の影《かげ》の部分の周りの長さと面積を求めなさい。
ただし，円周率は3.14とします。

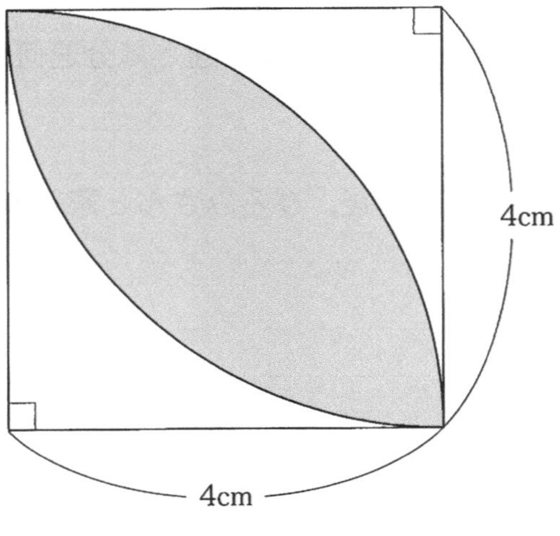

問四	問五	問六	問七

三

1	
2	
3	
4	
5	

四

1	ホウタイ	
2	テイシ	
3	ロクオン	
4	タガヤス	
5	アタタカイ	
6	委（ねる）	ねる
7	裁（く）	く
8	反省	
9	便乗	
10	質素	

２０２３年度　宮城学院中学校入学試験問題　解答用紙

算　　数

〔1〕の答え	
(1)	
(2)	
(3)	
(4)	
(5)	
(6)	

〔2〕の答え	
(1)	時間
(2)	

〔4〕の答え	
(1)	㋐　度
(2)	周りの長さ　cm
	面積　cm^2

〔5〕の答え	
(1)	分速　m
(2)	分間
(3)	分速　m
(4)	m

【解答用

二〇二三年度

宮城学院中学校英語入学試験

作文（四〇分）

受験番号	

注意

一　指示があるまで、この問題用紙を開いてはいけません。

二　作文の問題用紙には、表紙に続き、問題が印刷されています。解答用紙は中央に折りこんでありますので、取り出して記入してください。解答用紙は一枚です。

三　「始め」の指示で中を開いて、解答用紙とこの問題文に受験番号を書き込んでください。その後、問題に取り組んでください。試験時間は四〇分です。

問題

昨年度に引き続き今年度も新型コロナウイルス感染症《かんせんしょう》は、私たちの日常生活にさまざまな影響《えいきょう》を与えています。そのなかで私たちはこれまでの経験を活かして、新型コロナウイルス感染症対策《かんせんしょうたいさく》をしながら日常の活動を継続《けいぞく》していく努力を重ねてきています。そのことに関して、あなたの考えを四〇〇字以上五〇〇字以内で書きなさい。

【条件】

① 作文は三段落構成で書きなさい。
② 一段落目では、新型コロナウイルスの感染症対策として知っていることや実際に行っていることを書きなさい。
③ 二段落目では、②について、取り組むことの難しさについて書きなさい。
④ 三段落目では、新型コロナウイルス感染症が落ち着いたらやってみたいことを書きなさい。

（注意）① 題名、氏名は書かずに、一行目から書き始めること。
② 原稿《げんこう》用紙の正しい使い方にしたがい、文字やかなづかいも正確に書くこと。

［Ⅰ期入試］ 問題文（生徒に配布し音読。内容についての英語のQ＆A。）

（評価基準非公表）

Daniel is 12 years old. He lives in London with his sisters, Beth and Tala, and his parents. He gets up every morning at seven o'clock and he prepares breakfast for his family.

After breakfast, he starts his classes. Daniel does not go to school. His mother teaches him at home in the morning.

In the afternoon, he walks to a music class at his friend's house. There are five children in the class and they all practice together. Beth and Tala do not go to the music class. They stay at home and study math or science.

質問文（Native教員から口頭試問）

1. Where does Daniel live?
2. Who does Daniel live with?
3. What does Daniel do after he wakes up?
4. What does Daniel do at his friend's house?
5. Do you play any musical instruments?

   Yes. > What instrument do you play?

   No. > What instrument do you want to play?

（評価基準非公表）

受験番号	

宮城学院中学校　英語入学試験　作文　解答用紙（四〇分）

(4)	円
(5)	点
(6)	cm^2

〔3〕の答え	
(1)	円
(2)	円
(3)	円

〔6〕の答え	
(1)	
(2)	段目の左から　　番目
(3)	

受験番号	

※100点満点
（配点非公表）

採　点　欄

二〇二三年度　宮城学院中学校入学試験問題

国語（解答用紙）

※100点満点
（配点非公表）

受験番号

得点らん	
一	
二	
三	
四	
合計	

一

採点らん				

問一

問二

①

②

問三

問四

問五

二

問一

問二

A

B

C

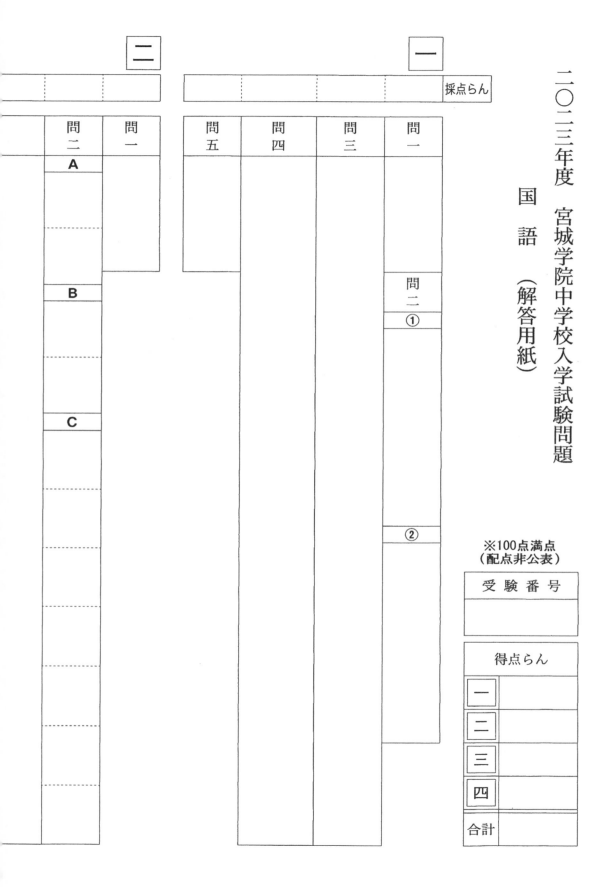

〔3〕 ゆうさんはお年玉を8000円もらいました。その $\frac{1}{5}$ で本を買い，残りの $\frac{7}{8}$ で時計を買いました。

次の問いに答えなさい。

（1） 本の代金はいくらですか。

（2） 時計の代金はいくらですか。

（3） 残っている金額はいくらですか。

〔2〕 次の問いに答えなさい。

（1） 6分は何時間ですか。

（2） 72と60の最大公約数を求めなさい。

（3） 底面が半径4cmの円で，高さが7cmの円柱の体積を求めなさい。
ただし，円周率は3.14とします。

（4） 父からもらった6000円を兄と弟で7：5に分けました。兄はいくらもらいましたか。

（5） 算数のテスト3回分の平均は85点でした。2回目までの結果は79点と84点でした。3回目のテストは何点でしたか。

（6） 右の図の影《かげ》の部分の面積を求めなさい。

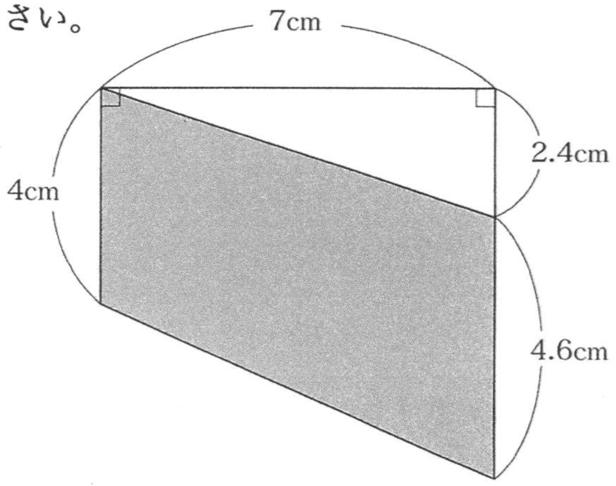

〔1〕 次の計算をしなさい。

（1） $18 + 18 \div 3 \div 6$

（2） 0.24×0.3

（3） $1.96 - 0.72$

（4） $6 \times (13 - 4) - (2 + 7) \times 3$

（5） $2\frac{1}{2} - 2\frac{1}{3} + \frac{1}{12}$

（6） $\frac{1}{9} - \left\{ 0.2 \div \left(\frac{21}{8} - \frac{3}{5} \right) \right\}$

２０２３年度

宮城学院中学校入学試験問題

算　　数

（４５分）

注　　意

1　指示があるまで，この問題冊子を開いてはいけません。

2　算数の問題冊子には，表紙に続き，１ページから６ページまで問題が印刷されています。解答用紙は１ページ目に折りこんでありますので，取り出して記入してください。解答用紙は１枚です。

3　「始め」の指示で，中を開いて，解答用紙とこの問題冊子に受験番号を書きこんでください。その後，問題に取り組んでください。試験時間は45分です。

4　解答は，すべて解答用紙に記入してください。問題冊子の空いているところは，自由に使ってかまいません。

受験番号	

い。ですから、自力で穴を掘れないハゼにとって、他の動物の穴に(注6)居候《いそうろう》するのは安全でうまい方法です。穴の入り口をふさいで、ハゼがエビの穴に入れないようにしてやると、ハゼはたちまち他の魚に食われてしまったという実験があります。4それほど捕食圧が高いのです。

　テッポウエビの方にしても、捕食圧が高いですから、番犬と暮らせば大きな利益が得られます。5巣穴は広く、ハゼがいても問題ない。それでこんな面白《おもしろ》い共生関係が進化してきたのだと思われます。

　6一生のどの時期から、ハゼとエビとは共生関係に入るのでしょうか? 小さなエビの掘った穴には、小さなハゼが棲んでいます。そして、卵を生む時期が、エビとハゼとで同じなのです。このことから考えると、卵からかえって穴を掘り始めたエビの、その穴に、同時期に生まれたハゼが、すぐに棲みつくと思われています。コンビを組むエビの種類とハゼの種類は、ほぼ決まっています。相手を選ぶにあたっては、ハゼは目で見て選び、エビは匂《にお》いで相手を選んでいるようです。

(本川達雄《もとかわたつお》『生物学的文明論』新潮新書刊より)

(注1) 雌雄一対 …………… メスとオスひと組。
(注2) 棲んで …………… 「住んで」と同じ。
(注3) 有機物 …………… 動物や植物に必要なたんぱく質など。
(注4) 即座に …………… その場ですぐに。
(注5) 捕食者 …………… 他の動物をえさとして食べる動物。
(注6) 居候する …………… 他人の家にただで住まわせてもらうこと。

問一 ——線部1について、トンネルの長さが一メートルとすると、ニシキテッポウエビの体長の約何倍ですか。最も近いものを次の中から選び、記号で答えなさい。

ア 五倍　イ 十倍　ウ 五十倍　エ 百倍

問二　——線部**2**「ハゼもこのトンネルに棲まわせてもらっています」とありますが、ニシキテッポウエビやハゼにはなぜこのようなトンネルが必要なのかを説明した次の文の（　**A**　）〜（　**C**　）に当てはまる言葉を本文中からぬき出して答えなさい。（【　】内の数字は文字数を示します）

エビやハゼが住んでいる（　**A**　）【2字】は、（　**B**　）【2字】とちがい、（　**C**　）【7字】場所がないから。

問三　——線部**3**「エビの番犬の役目」とありますが、「番犬の役目」とはハゼのどのような行動を指しますか。本文中の言葉を用いて二つ答えなさい。

問四　——線部**4**について、「捕食圧が高い」とはどういうことですか。本文の内容と最も合っているものを次の中から選び、記号で答えなさい。

ア　食べられてしまう危険性が高いということ。
イ　食べ物が手に入らない確率が高いということ。
ウ　おそってくる敵への関心が高いということ。
エ　自分を食べようとする敵の圧力が高いということ。

問五　——線部**5**「巣穴は広く、ハゼがいても問題はない」とは、具体的にはどのようなことですか。わかりやすく説明しなさい。

問六　——線部**6**について、この問いに対する筆者の答えはどのようになりますか。本文中の言葉を用いて十五字以内で答えなさい。

問七　次は、本文を読んだ生徒の会話です。本文の内容を**正しく理解していない**ものを一つ選び、記号で答えなさい。

ア　生徒Ａ「エビが住んでいる海底は砂地で危険だからトンネルをほっているなんて、知らなかった。」
イ　生徒Ｂ「さらにエビは視力が弱いから、安全にえさを食べるために『番犬』のハゼが必要なんだね。」
ウ　生徒Ｃ「一方、ハゼもエビの穴に入らないと生きていけない。」
エ　生徒Ｄ「だからエビもハゼも、初めからメスが砂の中で産卵をして、それをオスと共に育てている。」
オ　生徒Ｅ「エビとハゼが小さな時からエビの巣穴の中で生活していることを知って、驚いたよ。」

三

次の１～５が反対の意味の言葉の組み合わせになるように、後の【　　】の中のひらがなの言葉を《例》にならって一つ選び、一字の漢字に直して答えなさい。ただし【　　】のひらがなの言葉はそれぞれ一度しか使えません。

《例》単純 ↕ 複［雑］ ← 【　ざつ　】

1　合奏 ↕ □奏
2　定例 ↕ □時
3　増加 ↕ □少
4　拡大 ↕ □小
5　集団 ↕ □人

【　どく　しゅく　こ　りん　げん　】

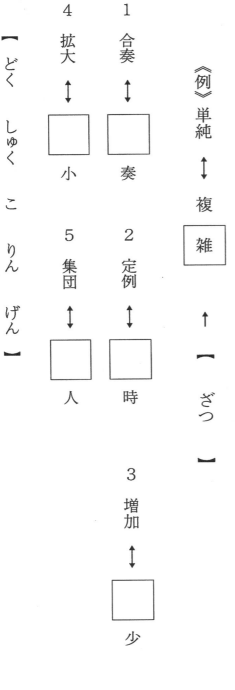

四

次の――線部のカタカナは漢字に直し、漢字は読みを答えなさい。ただし4と5については送りがなも書きなさい。

1　けがをしてホウタイを巻く。

2　車が一時テイシする。

3　好きな曲をロクオンする。

4　畑をタガヤス。

5　アタタカイ気候。

6　責任を委ねる。

7　罪人を裁く。

8　心から反省する。

9　他の人に便乗する。

10　質素な生活。

（問題は以上で終わりです。）

二〇二二年度

宮城学院中学校入学試験問題

国語

（四十五分）

（答えはすべて解答用紙に記入してください。）

注意

1 指示があるまで、この問題冊子を開いてはいけません。

2 国語問題の問題冊子には、表紙に続き、1ページから10ページまで問題が印刷されています。解答用紙は1ページ目に折りこんでありますので、取り出して記入してください。解答用紙は1枚です。

3 「始め」の指示で、中を開いて、解答用紙とこの問題冊子に受験番号を書きこんでください。その後、問題に取り組んでください。試験時間は45分です。

4 解答は、すべて解答用紙に記入してください。問題冊子の空いているところは、自由に使ってかまいません。

受験番号

一　次の文章を読んで、後の問いに答えなさい。

六年二組のウンチク王（注1）――が、ぼくのあだ名だ。

いろいろなことをたくさん、ぼくは知っている。図書室の本をかたっぱしから読んで、テレビで気になった言葉があるとすぐに百科事典やインターネットで調べて、覚えたことは忘れないようにノートに書きつける。1『きおくノート』と名付けたそのノートは、三年生のときからつけはじめて、もう八冊目になった。暇《ひま》なときにはそれをぱらぱら読み返して、忘れていた事《こと》柄《がら》を見つけると「あぶない、あぶない」と記憶《きおく》にきちんと刻み直す。

おかげで、ぼくはクラスの誰《だれ》よりも物知りになった。戦国時代の武将の名前や、星座にまつわる神話、画数がたくさんある漢字については、担任の先生よりもくわしい。

たったいまも、①豊臣秀吉《とよとみひでよし》が天下統一した頃《ころ》の全国各地の「国」と「大名」の名前を北から順にすべて諳《そら》（注2）んじて、昼休みの教室を「おおーっ」とどよめかせたばかりだ。

2うれしかった。本を読んで新しいことを知るのは、ほんとうに楽しい。

でも――。

ぼくは教室の隅《すみ》をちらりと見る。

女子が数人集まっておしゃべりをしている。その中に、カワムラさんもいる。

ぼくはカワムラさんが好きだ。五年生で初めて同じクラスになってから、ずっと。

カワムラさんはどうなんだろう。ときどき「カワムラさんもオレのこと好きなのかな？」と思って胸がときめくけど、「やっぱりオレのことはなんとも思ってないのかなあ……」と落ち込《こ》んでしまうときだって多い。

カワムラさんの気持ちがわかればいいのに。心の中をこっそり覗《のぞ》き込んで、好きな男子が誰なのか知ることができるといいのに。

図書室のどの本にも、カワムラさんの心の中は出ていない。戦国時代のことはなんでも知っているぼくなのに、同じ教室にいるカワムラさんの気持ちはナゾのままだ。

3それがちょっと悔《くや》しい。

ぼくのウンチク披露《ひろう》が終わると、4昼休みの教室は、別のネタ（注3）で騒《さわ》がしくなった。教室の後ろで、ヤマダたちがスドウを相手にプロレスごっこを始めたのだ。

六年二組には、とても残念で嫌《いや》なことだけど、いじめがある。男子の一部――ヤマダのグループが、スドウをしつこくからかったり教科書に落書きをしたり、無理やりプロレスごっこに付き合わせて泣かせたりする。

いじめはよくない。

そんなの、誰でも知っている。ヤマダたちだって、学級会で「みんな仲良く」というクラス目標が決まったときには、手を挙げて賛成していた。なのに、あいつらはスドウをいじめる。先生はいつも「いじめはひきょう者のすることだ」「いじめるのは人間として恥《は》ずかしいことだ」と言っていて、5ヤマダたちもそれをよく知っているはずなのに、いじめをやめない。スドウもスドウだ。「いじめに遭《あ》ったら、一人で悩《なや》まずに、すぐに先生や親に相談しなさい」と言われていて、自分でもわかっているはずなのに、先生にはなにも言わない。きっと、お父さんやお母さんにも黙《だま》っているのだろう。知っていても、それを実行しないんだったら意味がないじゃないか……。

6でも――。

ぼくだって、そうだ。いじめがよくないことは知っている。勇気を持っていじめを止めなければいけないことも知っている。目の前でスドウがいじめられているのも見ているし、スドウがとても悲しんでいることだって、ちゃんと知っている。だけど、なにもしていない。スドウを取り囲んでプロレスの技《わざ》をかけるヤマダたちに、他の友だちと一緒《いっしょ》に「ひでーっ」「残酷《ざんこく》ーっ」と声をかけることはあっても、それは冗談《じょうだん》交じりの口調で、あいつらは逆にウケてるんだと勘違《かんちが》いして、よけい張り切って、授業が始まるチャイムが鳴るまでやめない。

「そんなことやめろよ！」と、なぜ強く言えないんだろう。ヤマダを怒《おこ》らせたら、今度は自分がスドウの身代わりになってしまいそうだから――？　よけいなことを言うと自分があぶない、と知っているから――？

ときどき思う。もしもぼくが（注4）『風の又三郎《またさぶろう》』みたいな転校生だったら。ある日突然《とつぜん》教室にやってきて、すぐにまた別の学校に転校してしまう、そんな立場だったら。

ヤマダに「やめろよ！」と言うだろう。無視されたら、つかみかかってでもやめさせるだろう。ヤマダには子分がたくさんいるというクラスの人間関係や、ヤマダを怒らせると中学生の兄貴まで仕返しにくるという事情をなにも知らなければ、最初に胸に抱《いだ》いた勇気や正義感を、そのまま、なんの迷いやためらいもなくぶつけられるだろう。7どうせまたすぐに転校してしまうのだから、「いま」の（注5）憤《いきどお》りだけでまっすぐに行動できるだろう。

でも、ぼくは、ヤマダのいろいろなことを知っているから。ヤマダを怒らせたあとに待ち受けているヤッカイなことも、想像できるから。

知れば知るほど、臆病《おくびょう》になる。先生は「知識を増やすことで、生きる知恵《ちえ》を育てなさい」と言う。いじめに知らん顔をするのも、生きる知恵のひとつなんだろうか。

8 そんなの、ひきょうな言い訳だよ——ということだって、ぼくは知っているけど。

学校から帰ると、お母さんが②こわばった顔で教えてくれた。田舎《いなか》の病院に入院しているおじいちゃんの具合《ぐあい》が急に悪くなったのだという。

翌朝、学校を休んで、飛行機でお父さんのふるさとに向かった。

病室のベッドに横たわったおじいちゃんは、夏休みに会ったときの元気な笑顔《えがお》が嘘《うそ》のように、痩《や》せて骨と皮だけになっていた。顔に酸素マスクをかぶせられて、声をかけても返事をしないし、目も開けない。

9 おじいちゃんは死んでしまうんだろうか。

知っているひとが亡《な》くなるのは、これが初めてだ。心臓が動かなくなるのが死ぬことなんだというのはわかっているけど、おじいちゃんを見つめていると、心拍数《しんぱくすう》とか、脳波とか、血圧とか、そんなことはぜんぶ忘れてしまった。

もう、おじいちゃんと会えなくなる。

おじいちゃんとセミ捕《と》りをしたり、たき火をしたり、トランプをしたり、一緒におもちをついたり……そんなことがぜんぶ、もうなにもできなくなるんだと思うと、胸が急に熱いものでいっぱいになった。

おじいちゃんがいなくなる。いままでいたのに、いなくなる。いなくなったあとは、もう二度と、会えない。

おばあちゃんはおじいちゃんの手をさすりながら、涙まじりに昔の思い出を話していた。ぼくの知らない、お父さんがまだ子どもの頃の話を、たくさん。

おじいちゃんが泳ぎが得意だったことを初めて知った。お父さんに野球を教えたのがおじいちゃんだったことも、歌がへただったことも、シジミの味噌汁《みそしる》が大好物だったことも、ナイターで広島カープが負けると機嫌《きげん》が悪くなったということも……初めて聞く話ばかりで、その一つひとつが胸にすうっと染《し》み込んでいく。

もっと知りたい。もっともっと、おじいちゃんのことを知りたい。友だちに話して自慢《じまん》するためじゃなく、「すごいなあ、よく知ってるなあ」と先生をびっくりさせるためでもなく、おじいちゃんとはもう二度と会えないから、おじいちゃんのことを、もっと知りたい。

「おじいちゃんの思い出、忘れるなよ」

お父さんがぼくの肩《かた》に手を載《の》せて言った。「みんなが覚えてれば、みんなの思い出の中におじいちゃんはずうっといるんだから」と涙《なみだ》ぐんでつづけた。

「……□」

ぼくは言った。家に帰ったら、新しい『きおくノート』をつくろう、そこにおじいちゃんの思い出をたくさん書こう、と決めた。

でも――。

10 ほんとうはそんなことしなくても忘れないよ、絶対に、と心の中でおじいちゃんに声をかけた。

おじいちゃんのお葬式《そうしき》を終えて、ひさしぶりに登校した。11 六年二組の教室は、ぼくが学校を休む前となにも変わっていない。カワムラさんはあいかわらず女子で集まっておしゃべりしているし、ヤマダはあいかわらず教室の後ろでスドウをいじめている。

でも――。

ぼくはおじいちゃんとお別れをした。たくさん泣いて、親戚《しんせき》からおじいちゃんの思い出話をたくさん聞いて、たくさん覚えた。

12 ぼくが生まれたという電話を受けたとき、おじいちゃんは受話器を放り投げてバンザイをしてくれたんだと、初めて知った。

ぼくは変わった。自分でもうまく言えないけど、どこかが、なにかが、変わったんだと思う。

カワムラさんをちらりと見た。カワムラさんの六年生の思い出にぼくがたくさん出てくればいいな、と思う。これからの思い出の中にも、ずうっと、いつも、ぼくがいるといいのにな。

「やめてくれよお、痛い痛い痛いって……」

ヤマダにヘッドロック（注6）をかけられたスドウが、泣きべそをかきながら声をあげた。ぼくは知っている。スドウの悲しさと悔しさを知っている。そして、自分がなにをしなければいけないかも、ちゃんと。

13 ぼくは教室の後ろに向かって歩きだす。

がんばれ、とおじいちゃんが言ってくれた。

（重松清《しげまつきよし》「ぼくは知っている」『きみの町で』所収　新潮文庫刊）

（注1）ウンチク……………十分学んで身につけた深い知識。
（注2）諳んじて……………暗唱して。
（注3）ネタ…………………話題。
（注4）『風の又三郎』………宮沢賢治《みやざわけんじ》（一八九六～一九三三）の作品。子どもたちが「風の又三郎」と呼んだ転校生が登場する。
（注5）憤り…………………激しいいかりの感情。
（注6）ヘッドロック………うでで相手の首をかかえてしめつけるプロレスのわざ。

問一　――線部①「どよめかせた」・②「こわばった」とありますが、「どよめく」・「こわばる」はどのような様子を表す言葉ですか。最もふさわしいものを次の中から選び、それぞれ記号で答えなさい。

①　どよめく
ア　混乱してあわてる様子。
イ　興奮して大声でさけぶ様子。
ウ　おどろいてざわざわとさわぐ様子。
エ　うらやましさでいっぱいな様子。

〔6〕 正三角形の周を黒くぬって，それを1辺が1cmの小さな正三角形に切り分けます。たとえば1辺が3cmの正三角形を切り分けるとき，小さな正三角形の黒くぬられた辺の数は図①から図③のように，1本，2本，0本のどれかになり，図①から図③の正三角形はそれぞれ3個ずつできます。

次の問いに答えなさい。

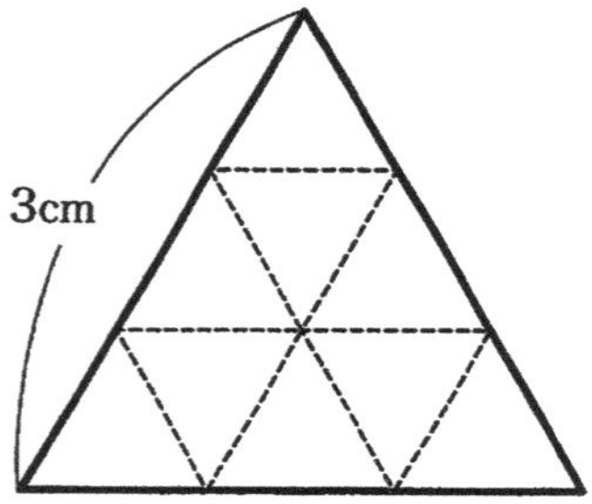

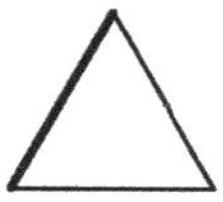

図①

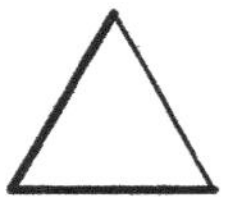

図②

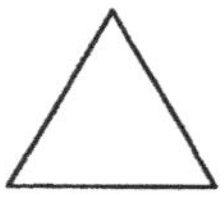

図③

（1） 1辺が4cmの正三角形を切り分けるとき，図①から図③の正三角形はそれぞれ何個できますか。

（2） 図①の正三角形が27個できました。もとの正三角形の1辺の長さは何cmですか。また，図③の正三角形は何個できますか。

〔5〕 図1は水を入れる蛇口《じゃぐち》が1つ，水を出す蛇口が3つついた水そうです。この水そうに毎分60000cm³の水を注ぎ，次に水を出す蛇口を1つずつ開けていきました。図2のグラフは，このときの時間と水面の高さとの関係を途中《とちゅう》まで表したものです。

次の問いに答えなさい。

（1） 1つ目の水を出す蛇口を開いたのは，水を入れ始めてから何分後ですか。

（2） 水そうから水を出すために最初に開けた蛇口は毎分何cm³の水を出しますか。

（3） 水そうの水がなくなるのは水を入れ始めてから何分後ですか。

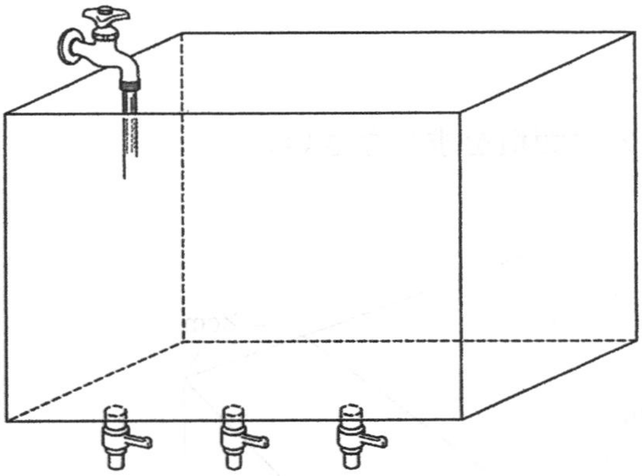

図1

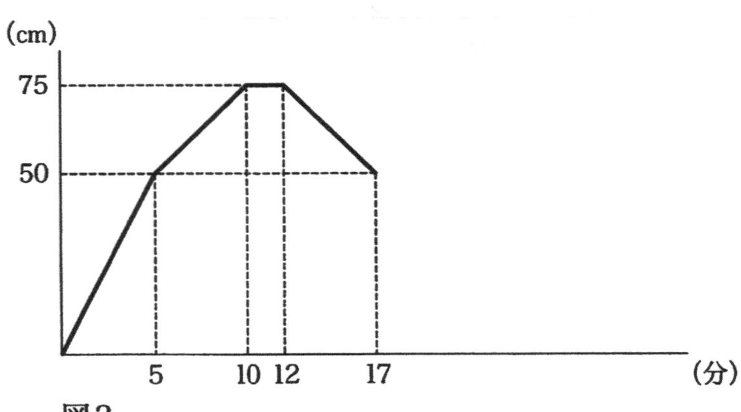

図2

〔4〕 次の問いに答えなさい。

（1） 下の図の㋐の角の大きさと影《かげ》の部分の周の長さを求めなさい。
ただし，円周率は3.14とします。

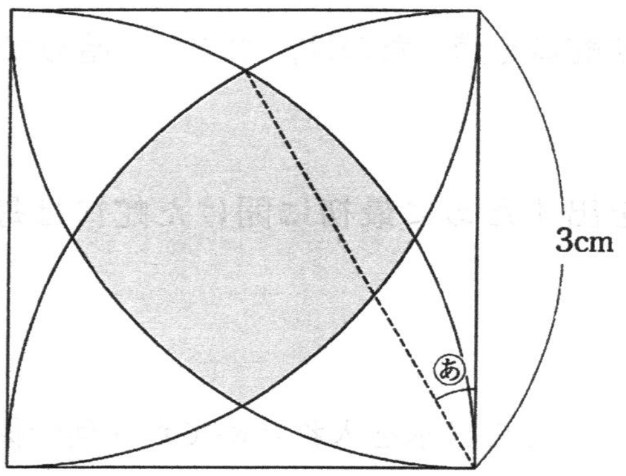

（2） 下の図の影の部分の面積を求めなさい。

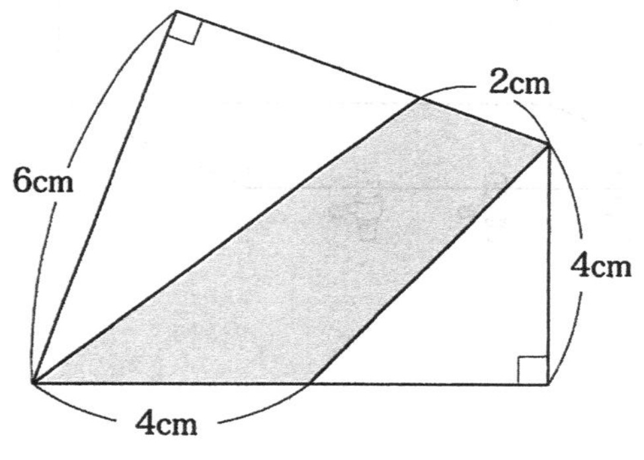

問十四

問十五

(1)

(2)

問十六

以前の「ぼく」

現在の「ぼく」

二

1

2

3

4

5

三

1 ザッソウ

2 オンダン

3 ハンエイ

4 ココロヨク

5 アズケル

6 退(ける) ける

7 旅路

8 屋外

9 率(いる) いる

10 容易

２０２２年度　宮城学院中学校入学試験問題　解答用紙

算　　数

〔1〕の答え	
(1)	
(2)	
(3)	
(4)	
(5)	
(6)	

〔2〕の答え	
(1)	分
(2)	円

〔4〕の答え	
(1)	㋐　度
	周の長さ　cm
(2)	cm^2

〔5〕の答え	
(1)	分後
(2)	毎分　cm^3
(3)	分後

【解答用紙

二〇二二年度

宮城学院中学校英語入学試験

作文（四〇分）

受験番号	

注意

一　指示があるまで、この問題用紙を開いてはいけません。

二　作文の問題用紙には、表紙に続き、問題が印刷されています。解答用紙は中央に折りこんでありますので、取り出して記入してください。解答用紙は一枚です。

三　「始め」の指示で中を開いて、解答用紙とこの問題文に受験番号を書き込んでください。その後、問題に取り組んでください。試験時間は四〇分です。

問題

二〇二一年には新型コロナウイルス感染症《かんせんしょう》の拡大《かくだい》によって一年延期《えんき》となっていた東京オリンピックが開催《かいさい》されました。国際オリンピック委員会が定めたオリンピック憲章《けんしょう》には、あらゆる差別を認めないことが記されています。差別について具体例をあげながら、どうすれば世の中から差別をなくしていくことができるか、あなたの考えを四〇〇字以上五〇〇字以内で書きなさい。

【条件】

① 作文は三段落構成で書きなさい。
② 一段落目では、あなたがこれまで見たり、聞いたり、本や新聞などを読んで知っている差別の具体例について書きなさい。
③ 二段落目では、差別がなぜいけないことなのか、あなたの考えを書きなさい。
④ 三段落目では、③の考えをふまえて、どうすれば世の中から差別をなくしていくことができるか、あなたの考えを書きなさい。

（注意）① 題名、氏名は書かずに、一行目から書き始めること。
② 原稿《げんこう》用紙の正しい使い方にしたがい、文字やかなづかいも正確に書くこと。

2022年度宮城学院中学校英語入試【第Ⅰ期】　英語面接　（15分）　※100点満点（配点非公表）

以下の文章を30秒黙読したのち、音読していただきます。
続いて本文の内容について英語で質問します。

以下はジャッキーさん(Jackie)が書いたポスターです。

Looking For Our Dog

My family and I are very worried about our dog. His name is Max. He is nine months old. He is brown. He has a yellow ribbon with a name tag around his neck. He hasn't come home for a week. My friend saw him at the park near the post office last Sunday. He's a very special member of our family, and we miss him very much. If you see him or have any information about him, please call Jackie: 9876-5432-1.

Interview Questions

Question 1.　How old is Max?

Question 2.　What does Max look like?

Question 3.　Where did Jackie's friend see Max last Sunday?

Question 4.　If people know anything about Max, what should they do?

Question 5.　Do you have a pet?

(Yes) → Tell me about it.

(No) → What do you want to have?

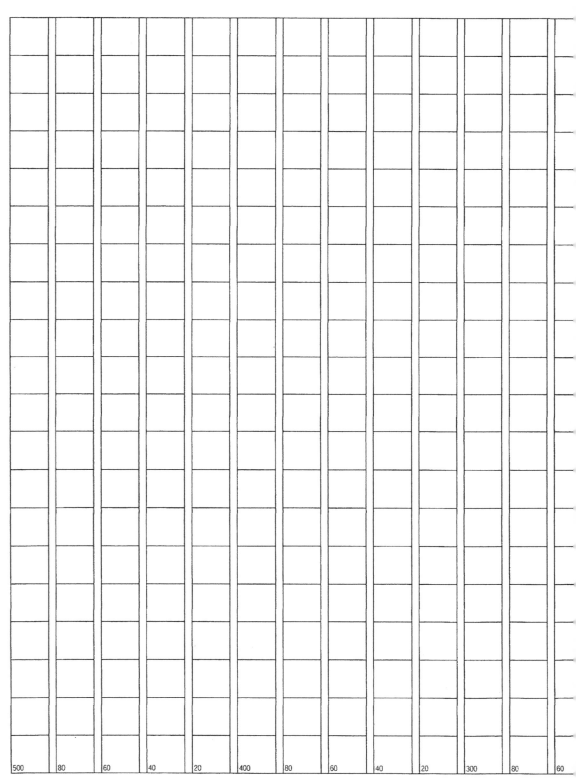

受験番号

[illegible]

[illegible]　入学試験　作文　解答用紙（四〇〇字）

宮城学院中学校　英語入学試験　作文　解答用紙（四〇分）

※60点満点
（配点非公表）

受験番号	

(4)	:
(5)	cm^3
(6)	本

〔3〕の答え	
(1)	分後
(2)	分速　　m

(1)	図①　　個
	図②　　個
	図③　　個
(2)	1辺の長さ　　cm
	図③　　個

※100点満点
（配点非公表）

採　点　欄

受験番号	

二〇二二年度　宮城学院中学校入学試験問題

国語　（解答用紙）

※100点満点
（配点非公表）

受験番号

得点らん	
一	
二	
三	
合計	

一

採点らん	
問一	①　　②
問二	
問三	
問四	
問五	
問六	
問七	
問八	
問九	
問十	
問十一	
問十二	(1)　　(2)

〔3〕 駅から図書館までの道のりは2kmで，一本道です。あやこさんは駅から分速60mの速さで図書館に向かいました。その10分後にえみこさんも駅から分速90mの速さで図書館に向かって歩き始めました。

次の問いに答えなさい。

（1） えみこさんは駅を出発してから何分後にあやこさんに追いつきますか。

（2） えみこさんが出発して10分後に，ゆうきさんは駅から自転車で図書館へ向かいました。えみこさんがあやこさんに追いついたとき，ゆうきさんは2人を追いこしました。ゆうきさんの自転車の速さは分速何mですか。

〔2〕 次の問いに答えなさい。

（1） 2.7時間は何分ですか。

（2） 1200円の20％引きは何円ですか。

（3） あるクラスでテストをしたところ，男子10人の平均は69点，女子16人の平均は75.5点でした。クラス全員の平均は何点ですか。

（4） りんごとオレンジとスイカがあります。りんごとオレンジの個数の比は3:4，オレンジとスイカの個数の比は5:2です。りんごとスイカの個数の比をもっとも簡単な整数の比で表しなさい。

（5） 右の立体の体積を求めなさい。

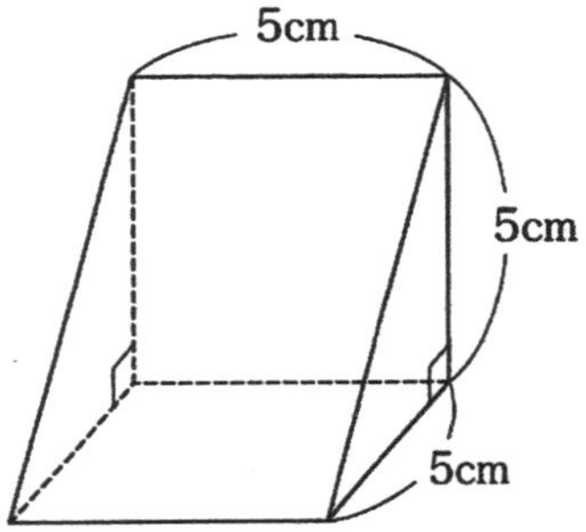

（6） たて24m，横30mの長方形の土地の周囲に，一定の間かくで木を植えます。どのかどにも木を植えるとすると，もっとも少ないときで何本必要ですか。

〔1〕 次の計算をしなさい。

（1） $48 \div 3 \times 2$

（2） $2022 - \{(623 - 102) \times 2 - 21\}$

（3） $62.25 \div 24.9$

（4） $\dfrac{1}{2} - \dfrac{1}{4} + \dfrac{1}{3} - \dfrac{1}{6}$

（5） $43 \times 1.9 + 5.7 \times 19$

（6） $2\dfrac{2}{3} - \left(2.4 - 1\dfrac{1}{2}\right) \div \dfrac{27}{80}$

２０２２年度

宮城学院中学校入学試験問題

算　　数

（４５分）

注　　意

1　指示があるまで，この問題冊子を開いてはいけません。

2　算数の問題冊子には，表紙に続き，１ページから６ページまで問題が印刷されています。解答用紙は１ページ目に折りこんでありますので，取り出して記入してください。解答用紙は１枚です。

3　「始め」の指示で，中を開いて，解答用紙とこの問題冊子に受験番号を書きこんでください。その後，問題に取り組んでください。試験時間は45分です。

4　解答は，すべて解答用紙に記入してください。問題冊子の空いているところは，自由に使ってかまいません。

受験番号	

② こわばる
ア とてもおこっている様子。
イ とてもきんちょうする様子。
ウ たいへんがっかりする様子。
エ たいへん悲しんでいる様子。

問二 ——線部1について、「ぼく」は「『きおくノート』」を何のためにつけるのですか。答えなさい。

問三 ——線部2について、「ぼく」がこのように感じるのはなぜですか。説明しなさい。

問四 ——線部3について、「ぼく」はどのようなことに対して「ちょっと悔しい」と感じたのですか。答えなさい。

問五 ——線部4について、「別のネタ」とありますが、教室でどのようなことが起こりましたか。答えなさい。

問六 ——線部5について、「それ」はどのようなことを指しますか。文章中の言葉を使って答えなさい。

問七 ——線部6に「でも——」とありますが、「でも」の後に言葉を入れるとしたら、どのような言葉がふさわしいと思いますか。考えて書きなさい。

問八 ——線部7について、「すぐに転校してしまう」場合、なぜ「まっすぐに行動できるだろう」と考えるのですか。その理由として最もふさわしいものを次の中から選び、記号で答えなさい。
ア ヤマダを中心とした人間関係を知らないままいなくなるので、後で起きるいやなことを考える必要がないから。
イ ヤマダと親しくなる時間がないため、知らない大人が注意したようなえいきょう力を持つとわかっているから。
ウ ヤマダはすぐいなくなる自分をこうげきしてもしかたがないと考えるので、うまくにげることができるから。
エ ヤマダを相手にした正義感あふれる行動によって、いい印象を残して去っていきたいという気持ちが強いから。

問九　――線部8について、「そんなの」はどのようなことを指しますか。文章中の言葉を使って答えなさい。

問十　――線部9について、「おじいちゃん」が「死んでしまう」というのは、「ぼく」にとってどのようなことですか。文章中の言葉を使って答えなさい。

問十一　［　　　］に最もふさわしい言葉を次の中から選び、記号で答えなさい。

ア　忘れると大変だ
イ　忘れちゃうかもしれない
ウ　忘れたくないけど
エ　忘れないってば

問十二　――線部10について、次の(1)・(2)に答えなさい。

(1)　「そんなこと」はどのようなことを指していますか。答えなさい。

(2)　「そんなことをしなくても忘れない」のはなぜですか。その理由として最もふさわしいものを次の中から選び、記号で答えなさい。

ア　家族がみんなおじいちゃんの存在を知っていて、これからもよく話題に上るから。
イ　おじいちゃんの思い出がぼくの心の中に深く刻まれて生き続けると確信するから。
ウ　おじいちゃんとの思い出は、ノートを見て覚え直す必要がないほど少ないから。
エ　おじいちゃんが病院でなくなる時の様子が、強く頭にこびりついているから。

問十三　――線部**11**について、「六年二組の教室は」、「なにも変わっていない」とありますが、どのような様子でしたか。その様子が書かれている一文を探し、始めと終わりの五字を答えなさい。「、」や「。」も字数にふくみます。

問十四　――線部**12**について、「ぼくは変わった」とありますが、何が「ぼく」を変えたのだと思いますか。考えて答えなさい。

問十五　――線部**13**について、次の(1)・(2)に答えなさい。

(1)　この時「ぼく」は、何のために「教室の後ろに向かって歩きだ」したのですか。答えなさい。

(2)　ここにはどのような気持ちがこめられていますか。最もふさわしいものを次の中から選び、記号で答えなさい。

ア　おじいちゃんにはげまされ、自分で判断して自立できたというほこり。
イ　人の気持ちを知って行動できるようになったことを示そうという意欲。
ウ　しなければいけないことに、正面から向き合って逃げないという決意。
エ　よくやったとほめられたいという、おじいちゃんへのなつかしさ。

問十六　「ぼく」はどのように変わりましたか。文章全体をふまえ、以前の「ぼく」と現在の「ぼく」についてそれぞれ五十字以内で書きなさい。

二

次の1～5の意味にあてはまる熟語を、□の中から漢字二つを選んで作り、例にならってそれぞれ答えなさい。漢字は一度しか使えません。

【例】　物事が良い方にしだいにすすんでいくこと。　進歩

1　前もって決めておくこと。

2　もう一度始めること。

3　大勢から好まれていること。

4　時間がいつまでも長く続くこと。

5　行き帰りのこと。

開	遠	人	復	定	気	永	往	再	予

三

次の――線部のカタカナは漢字に直し、漢字はひらがなで読みを書きなさい。ただし、4・5については送りがなも書きなさい。

1 ザッソウをぬく。

2 オンダンな気候。

3 光が湖にハンエイする。

4 ココロヨク引き受ける。

5 銀行にお金をアズケル。

6 要求を退ける。

7 長い旅路を終える。

8 屋外で遊ぶ。

9 チームを率いる。

10 容易に解決する。

（問題は以上で終わりです。）